Dar à luz... renascer

Gravidez e parto

Dados Internacionais de Catalogação na Publicação (CIP)
(Câmara Brasileira do Livro, SP, Brasil)

Rodrigues, Lívia Penna Firme
Dar à luz... renascer : gravidez e parto / Lívia Penna Firme
Rodrigues. - São Paulo: Ágora, 1997.

ISBN 978-85-7183-530-6

1. Gravidez 2. Gravidez - Aspectos psicológicos 3. Mulheres
grávidas 4. Pais e filhos 5. Papel dos pais I. Título.

97-0085   CDD-155.6463

Índices para catálogo sistemático:

1. Gravidez : Psicologia   155.6463
2. Psicologia da gravidez   155.6463

www.summus.com.br

EDITORA AFILIADA

Compre em lugar de fotocopiar.
Cada real que você dá por um livro recompensa seus autores
e os convida a produzir mais sobre o tema;
incentiva seus editores a encomendar, traduzir e publicar
outras obras sobre o assunto;
e paga aos livreiros por estocar e levar até você livros
para a sua informação e o seu entretenimento.
Cada real que você dá pela fotocópia não autorizada de um livro
financia o crime
e ajuda a matar a produção intelectual de seu país.

Dar à luz... renascer

Gravidez e parto

Lívia Penna Firme Rodrigues

ÁGORA

DAR À LUZ... RENASCER
Gravidez e parto
Copyright © 1997 by Lívia Penna F. Rodrigues
Direitos desta edição reservados por Summus Editorial

Capa: **Fonte Design**

Editora Ágora
Departamento editorial
Rua Itapicuru, 613 – 7° andar 05006
-000 – São Paulo – SP Fone: (11)
3872-3322
Fax: (11) 3872-7476
http://www.editoraagora.com.br
e-mail: agora@editoraagora.com.br

Atendimento ao consumidor
Summus Editorial
Fone: (11) 3865-9890

Vendas por atacado
Fone: (11) 3873-8638
Fax: (11) 3872-7476
e-mail: vendas@summus.com.br

Impresso no Brasil

Dedico...
às mulheres e seus filhos.

Ofereço

com profundo amor e gratidão aos filhos Beto, Gabriel, Raoni, Marcos e Júlia e ao companheiro Flávio, personagens principais desta história.

Agradeço:

Às mulheres que freqüentaram os cursos de preparação para o parto.

Às dras. Vera Faville Coimbra e Lívia Martins por praticarem o parto humanizado.

Aos amigos que me deram força em minha primeira edição realizada em Alto Paraíso.

A Edith Elek por ter se sensibilizado pela mensagem de meu livro e decidir publicá-lo.

Sumário

Apresentação 9

Noite de lua cheia 11

Introdução 13

PARTE I

A preparação para o parto e seus benefícios 15

Cuidados diários na gestação 21

Cuidando da alimentação 27

A relação com o companheiro 37

Da barriga pro coração 41

O contato com o bebê 43

O parto 51

O pós-parto: recebendo este ser 65

PARTE II

Por bebês mais felizes 73

Beto. 77
Gabriel 80
Raoni 83
Marcos. 85
Júlia 88
Concluindo 95

ANEXO I

Parto não é doença. 101

ANEXO II

Orientação à mulher antes do parto. 104
Sugestões de leitura 107
Leia também. 108

Apresentação

Como é maravilhoso ser capaz de entender, perceber e viver com intensidade e plenitude o ser mulher!

Neste livro, *Dar à luz... renascer*, Lívia Penna Firme Rodrigues consegue mostrar, com clareza, que existe, sim, a possibilidade de se vivenciar o momento de integração. Homem-mulher-bebê, de forma harmoniosa, confiante e feliz. Sem medos, bloqueios. Sem traumas.

Ela mostra que as mulheres podem se preparar para uma gestação consciente. Podem viver intensamente o período de espera como uma oportunidade de transformação, de mudança pessoal. Podem adquirir confiança e serenidade. Podem ter e transmitir segurança.

Lívia compartilha, neste livro, os resultados de sua experiência de trabalho com gestantes. Mostra que a conscientização feminina e também masculina faz brotar o sentido da vida: a certeza de que o ser humano pode parir e nascer como um doce animal.

Felicidades!

Dra. Vera Lúcia Faville Coimbra
Obstetra

Noite de lua cheia

Na praia de mar prateado
Banhado pela lua cheia.
Lua cheia, grávida mãe.
E vem a vontade de escrever um livro
Sobre grávidas, gestação e nascimento.
Nasce a lua... nove luas
E brinca no mar prateado.
Brilha a lua como olhos de mulher prenha
Redonda e brilhante
Plena de vida e esplendor
Todos a admiram
E sentem seu poder
Seu magnetismo e magia.
Manto de luz sob a água
De mãe que embebe em seu ventre
E ajuda a sair em ondas...

Ondas que vão e vêm
Em marés altas e baixas
Em movimentos que parecem iguais.
Som, magia, mistério.
Com respeito observo e sinto
Como em um trabalho de parto
Que vive e traz vida.
As ondas e movimentos fluem
Preamar e antemar; a seu tempo.
A mulher grávida em noite de lua cheia
Se parece com a imensidão do mar
De águas mornas
Com ritmo, sons, ondas,
Medo e prazer.
(Praia do cajueiro - Natal - verão de 1994)

Introdução

O parto é um momento rico e complexo na vida da mulher. Um momento ao mesmo tempo lindo e doloroso, dignificante, inesquecível e que nos remete à nossa própria origem, ao que somos de mais verdadeiro, simples e natural.

Para que este momento seja vivido plenamente, é fundamental que nós, mulheres, nos preparemos. Para enfrentar as contrações intensas, o medo do desconhecido, a sensação de ruptura do próprio corpo é preciso coragem, entrega, concentração, força e fé. É preciso acreditar em nosso próprio corpo e na natureza. Sentir que não estamos sós, mas que um outro ser pequenino, cheio de determinação, está saindo do útero, enfrentando um canal escuro e apertado que o trará à vida.

É necessário, portanto, que a mulher se prepare tanto física quanto emocionalmente, informando-se a respeito das experiências de outras mulheres, podendo conversar sobre seus medos, fazendo exercícios de concentração e respiração, entrando em contato consigo mesma e com seu bebê, conhecendo seu corpo e o processo do parto com maior profundidade. Sabendo o que pode ser feito para ajudar a si própria e ao bebê a partir de um estado mental e espiritual positivos, estaremos aptas a receber nosso filho com mais amor e energia.

Escrevi este livro baseada no que vivi, na minha experiência pessoal de gestações e nascimentos (sobre os quais você lerá na segunda parte), e no que aprendi dando cursos de preparação para o parto de mulheres e "casais grávidos". É a essência do que li, vi e vivenciei sobre gravidez e parto.

Ao escrevê-lo, meu objetivo não foi o de fazer uma obra técnica. Existem vários livros bons nesse sentido e na bibliografia vocês irão encontrar referências para consultas mais especializadas. Esta é uma leitura que se propõe a ajudar você, mulher, e ao casal, a se sentirem mais aptos e confiantes para se tornarem mãe e pai nesse início de um novo milênio.

Segundo o obstetra francês Michel Odent, autor de várias obras que aqui serão citadas e que contribuíram decisivamente em minha formação, "para mudar o mundo é necessário antes mudar a forma de nascer".

Acredito que gravidez e parto, esses raros momentos proporcionados ao ser humano pela natureza, possam contribuir para a ampliação da consciência, transformando-se em experiências de vida plenas de amor verdadeiro, para que a humanidade seja mais feliz.

**Parte I
A preparação para o parto e seus benefícios**

Parte I
A preparação
para o parto e
seus benefícios

Bom parto é aquele possível para cada mulher, aquele que permite que a mãe e o bebê fiquem bem. Mesmo um parto cesáreo terá uma recuperação mais rápida se houver boa preparação física, mental, emocional e espiritual. Gravidez agradável significa estar se cuidando diariamente para evitar os desconfortos comuns, como, por exemplo, dores nas costas ou prisão de ventre. É estar consciente de tudo que poderá acontecer com vocês: homem, mulher e bebê.

Isso não dependerá apenas do médico ou do hospital escolhido para dar à luz, mas, principalmente, do trabalho pessoal de cada mulher e, de preferência, do casal. Implica viver um processo de crescimento interno e externo. Se o companheiro ou o pai do bebê estiver disposto a acompanhar a mulher, tanto melhor. Caso contrário, caberá a ela fazer esta jornada, indispensável, mesmo que sozinha.

No mundo em que vivemos, ter um parto normal representa uma conquista. O número de cesarianas é muito grande. Olhe ao seu redor, sinta e observe. Tudo o que é essencial para a vida do ser humano está comprometido. O ar está poluído, a água recebe tratamento com substâncias químicas para se tornar potável, e a alimentação precisa ser escolhida cuidadosamente para que se consiga algo mais saudável ao organismo. A maior parte do tempo, nosso corpo está coberto com roupas, sapatos e maquiagem.

Diariamente recebemos uma enorme carga de sons, ruídos, cores, luzes, letreiros, cartazes, apelos e sugestões. Nas grandes cidades tudo que está fora nos chama, nos ilude. Somos quase robôs. Estamos muito longe do que somos verdadeiramente; e nossa natureza animal está domesticada e enjaulada em regras, normas e preconceitos. Nosso instinto está esquecido e alterado.

A gravidez é, para o homem e para a mulher, um momento precioso no resgate desse instinto. Há uma volta da atenção para o próprio corpo, para a sobrevivência, para nossos aspectos de macho e fêmea, e, de repente, relembramos que também somos bichos. Mamíferos!

Perceba-se mulher, fêmea. Volte-se para si mesma e reflita sobre esta condição. Perceba seu homem, seu macho viril, que tenta protegê-la.

Observe os animais quando vão dar à luz. Uma gata, por exemplo. Nos últimos dias da gravidez, ela procura um ninho e se recolhe. Quando nascem os filhotes, geralmente sem olhares curiosos para atrapalhar ou inibir, a fêmea lambe os recém-nascidos, come a placenta e inicia a amamentação. É uma cena bonita e comovente. Nascimentos são comoventes.

O estado de espírito do casal, o humor, o cotidiano, durante a gravidez, são importantes para determinar a qualidade do parto. A consciência do instinto ajuda a vivenciar esse processo.

Em geral, mulheres e casais estão mais voltados para fora, preocupados com as transformações que o corpo vai sofrer durante e após a gravidez. Enxovalzinho, o quarto do bebê, a data da cesariana. São estas coisas que a sociedade em que vivemos prioriza. O que vem acompanhado de sensação de grande insatisfação, vazio, repetição de comportamentos adquiridos e pouco naturais.

Acredito que, para sermos felizes com nós mesmas, com nossos filhos e nosso companheiro, é necessário "ir além". E o que significa "ir além"? Significa acreditar que você não é apenas um corpo com uma barriga crescendo, mas um ser que, além do corpo físico, tem um corpo mental, emocional e espiritual. E que o bebezinho que está dentro de você, no momento, pode ser apenas uma sementinha que está se desenvolvendo, mas logo será também outro ser, com todas essas características.

Esses corpos, o seu e o do bebê, necessitam ser alimentados e nutridos, para crescer e se desenvolver. Durante a gravidez, mãe e bebê formam uma unidade, apesar de serem distintos. Preparar-se para o parto e ter uma gravidez agradável e sadia significa cuidar de cada uma dessas partes. Ou seja, cuidar de si mesma, se amando, se tratando, voltando a atenção para o bebê, comunicando-se com ele.

Muitas mães comentam comigo que tiveram um parto ótimo e um bebê lindo apesar de, durante a gravidez, terem atravessado uma fase de vida muito difícil. Quando se vive cada momento conscientemente, conversando com o bebê e tendo uma atitude positiva em relação à gravidez, mesmo passando por períodos difíceis, tanto o parto como o bebê podem não ser atingidos. É importante que o bebê se sinta amado e protegido, podendo confiar na mãe e no pai, desde o início.

Participar de um grupo de trabalho que partilhe essa visão holística pode representar um grande apoio para atravessar esses meses e chegar ao parto confiante e bem preparada. Se o pai também puder participar, tanto melhor.

Agora respire fundo, relaxe e procure "embarcar" nessa leitura, deixando seus condicionamentos de lado.

Cuidados diários na gestação

Cuidando do corpo físico

Observe-se diariamente no espelho, nua, de corpo inteiro (se não tiver um espelho grande, compre, pois vale a pena). Olhe sua barriga, seus seios, suas pernas, todo o seu corpo. Vá ficando cada vez mais consciente das transformações que estão acontecendo. Admire essa mudança, sorria para você e para seu bebê enquanto examina como seus seios estão fartos, seu ventre amplo, seus quadris largos e sua pele bonita, quente e macia. Seus olhos e cabelos brilham mais. Comente com seu companheiro as mudanças que ocorrem em seu corpo e desfrute com ele desse prazer, dessa sensibilidade à flor da pele.

Utilize um bom óleo — pode ser de gergelim, amêndoa, uva, bétula ou, até mesmo, azeite de cozinha — e passe em todas as partes de seu corpo, evitando apenas os mamilos, que devem ficar ásperos para o aleitamento. Não esqueça da região do períneo, que vai da uretra até o ânus. Essa região é muito esquecida e muito importante durante a gravidez e o parto. Massageie a vagina, sinta toda a região do períneo e faça os exercícios específicos dessa área. Esse ritual, se possível diário, é gostoso e relaxante e pode ser feito depois dos exercícios físicos e respiratórios. Agora, tome um bom banho, na temperatura que preferir. Se possível, uma vez por semana, tome um banho de banheira com sal grosso e ervas medicinais. O capim-santo ajuda a relaxar, o eucalipto é estimulante e o sal grosso faz uma limpeza energética.

Durante o banho, prefira um sabonete neutro. Esfregue o corpo todo com bucha vegetal e uma escovinha de piaçava, redonda, que limpa a pele com mais profundidade. Não passe sabonete nos mamilos, e quando estiver se enxugando, esfregue a toalha neles com cuidado e devagar, preparando-os para a amamentação. Assim, eles ficam cada vez menos sensíveis e doerão menos quando o bebê começar a mamar.

Após o banho, deite-se de lado — em um colchonete ou espuma no chão —, em posição de relaxamento ou de costas, com os joelhos dobrados.

Escolha uma música suave e relaxe, fazendo contato com o bebê ou visualizando seu parto. Assim, você vai sentir-se disposta, renovada, e terá uma boa noite de sono.

Sempre que puder, entre em contato com a natureza. As grandes cidades geralmente têm lindos parques que nos lembram florestas, ou praias e montanhas não tão distantes. Retire-se periodicamente para esses locais onde possa respirar melhor, caminhar entre flores e tons de verde variados... Banhos de rio, cachoeiras e mar são vitais e essenciais.

Caminhadas diárias pelos arredores de sua casa são também importantes para manter a forma e espairecer. Comece caminhando por quinze minutos diários e vá aumentando aos poucos, de acordo com sua capacidade respiratória e com o tamanho de sua barriga. À medida que a barriga vai crescendo você poderá se sentir mais cansada. Respeite seu corpo e seus limites. Não force nada, lembre-se de que você não está competindo com ninguém. Os melhores horários para caminhar são pela manhã e no final da tarde. Evite andar sob sol forte ou nos horários mais quentes do dia.

Os cuidados com o corpo físico, feitos de forma regular, vão lhe dar mais energia para carregar sua barriga e para tornar o seu cotidiano mais leve e agradável. Dentre esses cuidados destaca-se a alimentação, à qual dedico um capítulo à parte.

Cuidando do corpo emocional

Durante a gravidez a mulher fica muito mais sensível a tudo que ocorre ao seu redor. Por isso, é importante que você tenha tempo para, diariamente, fazer exercícios de relaxamento e visualizações de contato com o bebê e do parto. Eles são ótimos para aliviar as tensões, desenvolver confiança e bem-estar. Você pode aprender essas técnicas em livros sobre visualização criativa.

Se você permanecer na agitação e na roda-viva do cotidiano tenderá a se envolver e se identificar com tudo o que está acontecendo, tornando-se ainda mais nervosa e sensível. É melhor prevenir esse estado, e os cuidados físicos são um ótimo antídoto para a depressão e o mau humor.

Mas, às vezes, só o relaxamento não é suficiente para melhorar o estado emocional. Não tenha receio de procurar um profissional especializado para conversar, ir mais fundo em suas dúvidas e inquietações. A gravidez é um bom momento para o autoconhecimento, pois a mulher está mais intuitiva, receptiva e aberta às mudanças. Terapia individual e de casal, renascimento, biodança e massagem são atividades que ajudam a se descobrir e melhorar o relacionamento consigo mesma, com o companheiro e com os outros.

Atividades artísticas e criativas, como pintura, modelagem com argila, cerâmica, jardinagem, artesanato, música, canto e dança também restabelecem o contato consigo mesma e aliviam as tensões e os estados emocionais negativos.

É comum, durante a gravidez, às vezes de forma inconsciente, surgirem medos relativos ao momento de seu próprio nascimento e de sua vida intra-uterina. Investigue como foi sua chegada neste mundo. Com a ajuda de um terapeuta tente relembrar tais momentos. Preste atenção em seus sonhos e escreva-os. Eles são ricos em simbologias para a investigação do inconsciente.

Se seus pais são vivos, converse com eles e procure lembrar-se do que lhe diziam sobre parto e nascimento quando você ainda era menininha. Ou, simplesmente, escreva como você acha que foi sua vida intra-uterina, seu parto, sua infância. Entre em profundo contato com seus sentimentos, respire e relaxe, não fugindo da dor, se houver. Acredite nas imagens e pensamentos que vierem e procure revivê-los agora, como mulher grávida e madura. Essas vivências permitirão que você compreenda coisas do passado e atuarão como limpeza, fazendo-a sentir-se mais leve e feliz.

Cuidando do corpo mental

A "programação negativa" que recebemos durante nossa infância e adolescência enche nossa mente e nosso coração de dúvidas e medos. É necessário que eliminemos as imagens negativas, herdadas das gerações anteriores, sobre o parto e sobre os riscos que o bebê corre.

Sempre que lhe ocorrerem pensamentos ruins, procure transformá-los, visualizando um parto ótimo e um bebê bonito e saudável.

Ter noções sobre anatomia e fisiologia da gravidez e do parto dão muita segurança. Há várias revistas e livros especializados no assunto, bem como cursos que transmitem esses conhecimentos.

Ler e conversar sobre desenvolvimento fetal na gravidez, sinais do final de gestação, o trabalho de parto, tipos de partos, rotinas hospitalares, aleitamento materno, o pós-parto e cuidados com o bebê tornarão a mulher e o casal mais bem informados para receber a criança. Daí a importância dos cursos preparatórios.

Devido à supersensibilidade da mulher durante esse período, é bom evitar leituras e filmes que provoquem tensão, programas sobre violência na televisão, inclusive os noticiários, discussões e brigas, a fim de manter a calma e a tranqüilidade, e uma atitude de otimismo em relação à vida.

É importante, também, aceitar as mudanças que a gravidez traz. Para algumas mulheres nessa fase, lugares agitados, vida social intensa, bares, shows com som muito alto, gente falando demais podem causar mal-estar, irritação e cansaço. Reconhecer e aceitar a situação, com o apoio do companheiro, é a melhor forma de atravessar esses meses.

Uma queixa bastante freqüente de minhas clientes é que os maridos não compreendem suas necessidades de maior recolhimento. Por outro lado, se eles, de vez em quando, saem sozinhos, se sentem rejeitadas. Considero vital respeitar as necessidades individuais de cada um porque antes de sermos casal, somos seres diferentes e, para nos sentirmos amados, aceitos e respeitados, é preciso que haja espaço na relação para os conflitos de cada um.

De todo modo, é nesses momentos que fica claro o quanto a gravidez é um processo da mulher. Por mais que o homem esteja presente e participe, a transformação física e a presença do bebê são muito intensas. *Relaxe, sinta e perceba como é gostoso estar grávida.*

Cuidando do corpo espiritual

Cuidar do corpo espiritual é, antes de tudo, saber que existe uma energia superior que nos protege e nos orienta, e confiar nessa energia.

Ela pode ter vários nomes, de acordo com a sua linha de trabalho espiritual: Deus, Pai e Mãe Celestial, Fonte, Universo, Energia Cósmica e outros mais.

O importante é estar permanentemente em contato com essa força que nos realimenta, lembrando sempre que somos luz.

Sugiro aqui alguns cuidados que ajudam a entrar em sintonia com o nosso corpo espiritual:

- meditações e orações;
- freqüentar reuniões ou grupos que tragam bem-estar espiritual;
- estar em contato com a natureza;

- abrir diariamente o livrinho *Meditando com os anjos*[1] e refletir sobre o anjinho que você gerou.

Esses são os cuidados que tenho comigo mesma. Mas existem muitos outros. Pesquise e descubra que cuidados agradariam a sua alma.

---

[1] CAFÉ, S. *Meditando com os anjos*. São Paulo, Pensamento, 1991.

Cuidando da alimentação

A experiência de vida da mulher influi na gravidez. Isso também vale para seu estado nutricional formado a partir dos anos anteriores à gravidez. É importante levar em consideração as reservas nutricionais das quais a mulher dispõe nesse momento.

As várias modificações do organismo fazem com que haja um aumento das necessidades nutricionais. A água corporal total e o volume sangüíneo aumentam 50% ou mais; são formados o feto e a placenta; o útero e as mamas aumentam de tamanho e a mãe necessita ainda de reservas extras para o aleitamento.

Esses fatores levam ao aumento de peso, mas, isoladamente, é uma medida incompleta para avaliar o estado de saúde da gestante. Devemos observar as características alimentares de cada mulher, individualmente, levando em consideração sua história de peso durante a vida, sua história obstétrica (número de partos, tipos de parto, uso de anticoncepcionais, complicações etc.) e o aumento de peso nesta gravidez. Um aumento de peso adequado durante a gestação contribuirá para o sucesso do parto, e os fatos têm mostrado que mulheres sadias dão à luz crianças sadias.

Durante a gravidez, dependendo do peso da mulher e das suas reservas, a faixa de alteração do peso pode variar de poucos quilos até cerca de 27 quilos, para que um parto normal seja possível. Geralmente, a média de peso ganho é de 11 a 14 quilos, mas estes não são valores rígidos, havendo variações individuais.

Essas considerações são feitas por vários autores especializados em nutrição materna[1].

No primeiro trimestre da gravidez, algumas mulheres não engordam nada e outras perdem peso devido a mal-estares e enjôos. Nos últimos dois trimestres, a média de ganho de peso é de 400 gramas por semana. Para conseguir tal resultado, basta se alimentar seguindo o apetite normal, com uma dieta equilibrada em calorias, proteínas minerais e vitaminas, como vinha fazendo antes da gravidez.

Não se trata de "comer por dois", mas de estar atenta ao que o corpo pede, respeitando as modificações do paladar, comuns nesta fase. Deve-se também seguir a intuição, que está mais aguçada. Se a mulher entrou na gravidez com carências específicas no organismo, chegará o momento em que ela irá sentir necessidade de comer determinadas coisas. É muito comum, por exemplo, mulheres vegetarianas sentirem desejo de comer carne vermelha quando ficam grávidas. Às vezes, um bom bife é o suficiente. Responder a essas vontades é uma forma de suprir as carências. A alimentação é uma questão fundamental para a saúde de qualquer pessoa e, no caso da gestante, definitivamente, influi na qualidade do seu bem-estar ao longo dos nove meses, no tipo de parto e no aleitamento.

Segundo Sônia Hirsch, em seu livro *O mínimo para se sentir o máximo*[2], "muito do que naturalistas, vegetarianos e macrobióticos divulgam há décadas, acabou sendo comprovado pela ciência". Existem algumas "atitudes nutricionalmente corretas" importantes para qualquer pessoa, mas que devem ser enfatizadas na dieta da gestante e que foram baseadas em pesquisas nutricionais. São elas:

---

[1] WORTHIGTON, B.S.; VEMEERSH, J.; WILLIAMS, S.R. *Nutrição na gravidez e na lactação*. Rio de Janeiro, Interamericana, 1980.
[2] HIRSCH, S. O *mínimo para se sentir o máximo*. Rio de Janeiro, 1993.

* comer bastante variedade para suprir as necessidades de proteínas, minerais e vitaminas, que estão aumentadas;

* comer diariamente:

  • grãos, vegetais e frutas que têm pouca gordura;

  • vegetais frescos, verdes e amarelos ricos em fibras e minerais;

  • alimentos ricos em fibras que evitam a prisão de ventre, como cereais integrais, frutas cruas, vegetais com casca, feijões em geral;

* evitar gorduras e colesterol, usando menos margarina, manteiga, óleo e banha. É a melhor prevenção contra aumento de peso;

* evitar alimentos e molhos industrializados;

* com relação às carnes:

  • preferir carnes brancas;

  • comer mais peixe;

  • reduzir as carnes fritas, churrascos e assados na brasa porque a fumaça que fica nas carnes é cancerígena;

  • tirar a pele e a gordura de carnes e aves;

* usar sal com moderação, preferindo o sal marinho, para reduzir o risco de pressão alta;

* substituir café, bebidas alcoólicas e refrigerantes por água, sucos de frutas, chás de ervas medicinais, sucos de hortaliças e vegetais. Algumas ervas recomendadas para chás são:

  • boldo: ajuda o funcionamento do fígado;

  • banchá: alivia a prisão de ventre e ajuda a digestão;

  • erva-doce: evita e melhora os gases intestinais;

  • camomila: relaxa e melhora as cólicas intestinais;

  • hortelã e capim-santo: ajudam a relaxar e a dormir melhor.

Muitas outras ervas também podem ser utilizadas. Procure sempre lançar mão delas para aliviar os transtornos comuns da gravidez;

* beber sucos e água em abundância devido ao aumento da necessidade de água na gravidez. Beber quando sentir sede, mas fora do horário das refeições, dando um espaço de 40 minutos antes e depois delas;

* evitar sucos e sobremesas após as refeições, pois dificultam a digestão, produzindo gases intestinais e peso no estômago;

* preferir coalhada a leite integral, porque é de mais fácil digestão e evita a prisão de ventre.

A quantidade de alimentos que deve ser ingerida por dia está ligada ao apetite e peso da gestante. No último trimestre, principalmente no último mês, devido à compressão que o útero exerce sobre o estômago, é aconselhável que se façam refeições leves e freqüentes.

É importante repetir que nessa fase a intuição da mulher está mais aguçada e ela é capaz de perceber o que o corpo necessita. Não é aconselhável fazer refeições pesadas à noite e, de preferência, comer pelo menos duas horas antes de dormir.

Uma dieta bem equilibrada dispensa o uso de suplementos vitamínicos e minerais. A farinha múltipla, também conhecida como farinha multimistura, composta por farelo de arroz, trigo, pó de folhas verdes (mandioca e batata-doce) e sementes de gergelim, girassol, melão, abóbora e pó de casca de ovo, é um excelente complemento alimentar, rico em vitaminas, minerais, fibras e microelementos. Deve ser usada diariamente nas preparações culinárias como se fosse um tempero, incluindo uma colher de sopa dessa farinha em mingaus, farofas, caldo de feijão, molhos e sopas, depois de prontos. Adicionar também nas massas de bolinhos, bolos e pães. O ideal é que a gestante coma pelo menos uma colher das de sopa por dia desse suplemento durante a gravidez e o aleitamento.

Guia diário da alimentação da gestante

Desjejum

Fruta fresca ou suco de frutas.

Iogurte, coalhada ou queijo fresco.

Pão integral fresco ou torrada.

Chá.

Observação: Pode-se experimentar passar a manhã só com frutas e sucos de frutas e vegetais que ajudam o intestino a funcionar melhor e a manter o peso.

Almoço

Arroz ou macarrão integral.

Leguminosas (feijão, ervilha, lentilha, grão-de-bico).

Uma verdura verde-escuro cozida levemente (couve, espinafre, brócolis, agrião, escarola...).

Dois legumes cozidos no vapor, refogados ou em salada (cenoura, vagem, quiabo, beterraba...).

Observação: Pode-se substituir um legume por batata, batata-doce, mandioca, inhame. Cuidado, pois esses tubérculos engordam e isso deve ser feito raramente. Podem também substituir o arroz.

Salada crua de raízes e folhas (nabo, cenoura e beterraba raladas com agrião e alface, por exemplo).

Frango, peixe, tofu (queijo de soja), carne, ovo, em preparações variadas.

Jantar

Igual ao almoço ou:

Sopa de legumes, verduras, cereais, leguminosas, variando ao máximo. Incluir carne ou frango, se desejar.

Chás de ervas.

Torrada ou biscoito.

Durante o dia, incluir dois lanches, um pela manhã e outro à tarde, à base de frutas, sucos ou iogurte.

A forma de cozer os alimentos é muito importante, pois influi no sabor, aspecto e valor nutritivo.

Eis aqui algumas dicas que vão ajudá-la a preparar pratos mais saborosos e saudáveis:

* usar ervas frescas e secas para temperar, como: manjericão, salsa, cebolinha, orégano, alecrim e outras;

* usar pouco óleo para refogar. Preferir o azeite de oliva nos vegetais crus e cozidos em saladas, sopas e outras preparações;

* cozinhar os vegetais no vapor da cuscuzeira ou com pouca água, só até ficarem crocantes;

* cozinhar as folhas verdes só até ficarem brilhantes. Se passarem do ponto, ficam marrons;

* preparar as saladas e sucos na hora de servir para não perderem o valor nutritivo.

Você pode estar seguindo todas essas recomendações e não se sentir bem, ou achar que "está faltando alguma coisa".

Observe se os alimentos estão sendo feitos com carinho, com bom humor, com amor. Seja por você ou por outra pessoa, a energia que é passada por quem está cozinhando o alimento fica lá e entra no seu organismo. Se pudéssemos medir, talvez o valor nutritivo fosse o mesmo, mas lembre-se de que a "aura" da refeição pode ser alterada e seu bem-estar não ser o mesmo. Nada como uma refeição preparada por alguém de quem gostamos e em quem confiamos.

32

Curta o prazer de comprar os ingredientes, livres de agrotóxicos, nas feiras naturais, supermercados e lojinhas. E pesquise as diferentes preparações. Os livros de Sônia Hirsch, por exemplo, são ótimos para isso. Uma horta também proporciona grande prazer.

Evite comer doces como sobremesa.

Quando sentir vontade de alguma coisa doce, coma nos intervalos entre as refeições. A necessidade de açúcar é natural e até mais forte nas grávidas. As frutas podem substituir os doces, mas se você é daquelas que não vivem sem um docinho, prefira os feitos com açúcar mascavo, os chocolates e compotas caseiras feitas com menos açúcar. Evite as massas folhadas e cremes. Os sorvetes de frutas são mais saudáveis.

Transtornos comuns da gravidez

Enjôos, vômitos e excesso de saliva

Para evitar os enjôos que ocorrem com mais freqüência pela manhã, coma alimentos secos, como biscoito salgado e torradas. Não tome líquidos com as refeições. Mude de sabonete, pasta de dente, e produtos de higiene, caso esses cheiros a incomodem. Chupe laranja, abacaxi, ameixa umeboshi (encontrada nas lojas de alimentos naturais). Não fique com o estômago vazio. Os enjôos geralmente desaparecem no terceiro mês de gestação. Às vezes, nada resolve e é preciso recorrer a algum remédio, mas não faça isso sem conversar com seu médico.

Prisão de ventre

Uma dieta rica em fibras, exercícios e caminhadas ajuda muito. Em casos mais drásticos, use cáscara-sagrada, que pode ser encontrada em glóbulos. Tome um comprimido duas vezes ao dia.

Gases intestinais

Evite laticínios (leite, queijos), massas, pão fresco.

Algumas misturas provocam gases:

- sobremesas e sucos após e durante as refeições;

- frutas e sucos de frutas com pão (por exemplo, sanduíche com suco de laranja). Prefira comer frutas frescas, e de estômago vazio;

- ingerir diferentes proteínas na mesma refeição;

- mistura de cereais (arroz com milho, aveia com trigo etc.). As granolas costumam provocar gases;

- tubérculos com cereais (batata ou mandioca com arroz).

Azia

Nesse caso, evite:

- pão fresco, bolos, doces;

- sucos ácidos e mistura de sucos com outros alimentos;

- café, chá preto, chá mate.

Insônia

- evite refeições pesadas à noite;

- coma salada de alface no jantar, mastigando bem;

- tome chás calmantes;

- mantenha o ritmo dos exercícios físicos.

Hemorróidas

- evite frituras, gorduras em geral, manteiga, maionese, chocolate e pimenta;

- caminhe regularmente.

Além dessas complicações comuns, a gravidez pode induzir a outras, como anemias e toxemias, ambas relacionadas à nutrição.

A anemia por deficiência de ferro é a mais comum. Nesse caso, é necessária a suplementação com sulfato ferroso, de acordo com orientação médica.

A toxemia está relacionada com a hipertensão arterial e edemas, e ocorre no último período da gravidez. O pré-natal regular e a alimentação adequada são as medidas certas para detectar e tratar o problema.

Alimentação durante o parto

Durante o trabalho de parto, a mulher pode apresentar enjôos de estômago. Se sentir fome, poderá alimentar-se à base de frutas, sucos, mel e chá até que o trabalho se torne mais intenso. Uma colher das de sopa de mel, ao final, pode ajudar a restabelecer as forças. O caldo de missô quente é reconfortante após o parto.

Alimentação durante o aleitamento

Nessa fase, é comum sentir muita fome e sede. Siga os mesmos critérios de alimentação da gestante, aumentando a quantidade de calorias e de proteínas, e de acordo com o seu apetite. Não é uma boa época para se fazer regimes; mesmo se estiver um pouco gorda, deixe para depois a preocupação com o emagrecimento.

O momento, agora, é de se ter muito leite. As comidas feitas com milho são tradicionalmente famosas nesse sentido: canjica, curau, cuscuz. Sucos, água e chás devem ser tomados em abundância. Os chás de camomila e erva-doce, além de aumentarem o leite, deixam o bebê mais calmo e com a digestão mais fácil.

O bebê pode sentir cólicas em seus três primeiros meses de vida. Alguns alimentos, se evitados, podem melhorar esse quadro, já que tudo o que a mulher ingere passa para o leite. São eles:

- chocolates
- refrigerantes, açúcar em excesso (doces);
- alimentos que provoquem gases na mãe;
- bolos e pães (por causa do fermento);
- batata-doce, repolho cozido;
- misturas de alimentos não compatíveis.

Experimente evitar tais alimentos e observe os resultados no bebê.

A relação com o companheiro

Ao receber a notícia da gravidez, o casal reage conforme o momento que está vivendo interna e externamente. Cada gravidez é única, assim como cada fase da vida. As reações de surpresa, decepção, alegria, tristeza, contentamento, desânimo, expectativa, tensão, bem-estar, entre tantas outras, acompanham o momento do casal, podendo variar a cada dia, semana e mês ou mesmo estarem presentes simultaneamente.

Qualquer que seja a reação do casal, esse é um momento que implica mudanças e transformações físicas, psíquicas e emocionais. A mulher torna-se sensível, e fatos que na vida cotidiana normal passam despercebidos, podem causar conflitos durante a gravidez. O homem, por sua vez, quer aceite o fato ou não, também está "grávido", e sofrendo as crises da paternidade.

Algumas mulheres ficam inseguras, dependentes e ansiosas em relação ao parceiro. Se ele parece indiferente, a mulher sente raiva, solidão e rejeição. Se a gravidez aconteceu "sem querer", ambos podem estar ressentidos e culpando um ao outro. Mesmo sendo planejada, quando confirmada, a gravidez traz sensações de medo, dúvida, aprisionamento e aumento das responsabilidades, afetando a vida do casal.

A transformação física e emocional da mulher leva o homem a entrar em contato com suas próprias emoções e sentimentos, até então escondidos em seu inconsciente, causando situações conflituosas e incompreensíveis para ambos. Segundo S. Kitzinger[1], alguns homens se tornam depressivos ou experimentam mudanças de humor parecidas com as das mulheres quando grávidas. O futuro pai passa por um período de transição, no qual afloram emoções profundas, com comportamentos variados, difíceis de entender.

Para alguns, a responsabilidade de sustentar a família e os problemas financeiros decorrentes são a explicação racional para a ansiedade que estão vivendo, e se recusam em se aprofundar até a raiz do que realmente os perturba. Outros sentem que o fato de se tornarem pais lhes provoca uma crise de identidade. E há os que vêem a própria mulher como mãe e se sentem rejeitados quando ela engravida. A mudança no corpo da mulher também pode afetar aqueles que enxergam a parceira como um símbolo sexual.

O *stress* decorrente dessas situações pode levar ao afastamento do casal. É necessário que a mulher compreenda que, para ela, a gravidez chega de forma rápida, com mudanças concretas e palpáveis. Para o homem, no entanto, vai chegando devagar, à medida que cresce a barriga da parceira e que ele também pode sentir os movimentos do bebê. Por mais que se esforce para compreender todo o processo da gestação, pode estar sendo difícil para ele conviver com uma mulher que agora está tão sensível e chorona. É uma situação que exige paciência de ambas as partes.

A partir do segundo trimestre, a tendência é que a harmonia retorne à vida do casal. A mulher está fisiologicamente adaptada às mudanças e entrando em um período de bem-estar, e o homem, por sua vez, assumindo sua parte no processo, vivenciando a própria gravidez.

No entanto, isso pode não acontecer. A dificuldade que o homem tem de admitir que está "grávido", seus problemas de relacionamento com a mãe, traumas infantis ligados ao período intra-uterino e de seu nascimento podem levá-lo a rejeitar a gravidez da companheira. O corpo dela não o atrai, trazendo uma diminuição ou perda do desejo se-

---

[1] KITZINGER, S. *The complete book of pregnancy and childbirth*. Nova York, Alfred A. Knopf, 1990.

xual. A mulher também pode passar por uma experiência semelhante, rejeitando seu próprio corpo, evitando o contato sexual e o companheiro, o que afeta o relacionamento, causando frustração, tristeza, dor e solidão.

É importante que ambos se conscientizem de que o período da gravidez é um momento próprio para o autoconhecimento e passem a trabalhar seus conflitos individuais e do casal, se necessário com ajuda terapêutica. Crescer como pessoa junto com a criança que está para nascer é uma experiência gratificante. Ela culmina com o nascimento de um novo ser, e o renascimento do homem e da mulher, unindo e fortalecendo o casal. Vale a pena.

Grupos de preparação para o parto ajudam nesse processo. O simples fato de conversar com outros casais sobre tais conflitos traz um imenso alívio. A leitura de livros especializados, as caminhadas e práticas de exercícios feitos em conjunto, as trocas de massagens, o contato com o bebê dentro da barriga, o planejamento do parto — tudo isso une o casal e faz da gestação um período de agradáveis experiências.

Vida sexual e afetiva

Durante a gravidez a mulher fica mais bonita e atraente. O novo ser que cresce em seu ventre contribui para que tudo nela tenha mais vida; seus cabelos e olhos brilham mais, sua pele está mais quente e macia, seus seios e quadris mais fartos e exuberantes. Transar com o parceiro é fácil e natural, pois o leve corrimento permanente da gravidez faz com que a mulher esteja molhada o tempo todo. Não há a preocupação de engravidar, o que muitas vezes torna tensa a relação sexual. O casal vive um momento de florescer do seu amor e sexualidade. Nada como relaxar e viver essa fase o mais plenamente possível. Faz bem para o casal, para o desenvolvimento da gravidez, e para o bebê, que vai receber calor e carinho.

A prática do tantra sexual, quando o homem controla a ejaculação, tornando a relação mais longa e prazerosa, contribui para que a mulher tenha mais consciência da região do períneo, o que ajuda na hora do parto. Fazer amor com sensibilidade, suavidade e comunicação entre os parceiros, utilizando posições mais confortáveis para a mulher e respirando profundamente, permite que o ato sexual se transforme em meditação e em um momento de profundo contato com o bebê. Existem livros que orientam a prática do sexo tântrico.

As massagens e o carinho físico constantes contribuem para melhorar e desenvolver a sexualidade do casal. É importante dedicar tempo e dar prioridade a esse aspecto do relacionamento a dois.

Da barriga pro coração

Mamãe...
Estou aqui.
Aninhado nesse quentinho,
escurinho, gostoso
de sua barriga.
Sinto seu amor
suas dores e incertezas.
Ouço o bater do seu coração
e sua voz.
Estou crescendo
e às vezes você se assusta
com os meus pontapés.
De volta a este planeta
só quero que você me ame
e brinque comigo.
Me beije e me alise
com suas mãos carinhosas.

O contato com o bebê

O contato com o bebê é a comunicação dos pais com o feto em sua fase de vida intra-uterina, desde a concepção até o parto. De forma consciente, a mãe e o pai conversam com o bebê, acariciam-no, dão-lhe as boas-vindas transmitindo amor e confiança a este ser em formação. São os gestos simples do cotidiano que estimulam o desenvolvimento e o crescimento da criança, e aumentam as chances de um parto normal.

Em minhas aulas de preparação para o parto recebo informações dos pais sobre suas vivências de contato com o bebê. Mulheres recentemente grávidas já os sentem e ficam alegres com suas manifestações. Outras passam a aceitar melhor uma gravidez inesperada. E muitos casais iniciam o trabalho em casa, de forma regular.

Tenho observado que, quanto melhor a receptividade e a entrega nessa fase da aula, melhores são os partos. Eu mesma tive uma ótima experiência com meu filho Raoni, que estava sentado no oitavo mês de gestação. Por meio de conversa, contato e mentalização ele se colocou na posição normal de nascimento quinze dias antes do parto. Claro que isso poderia ter acontecido de qualquer modo, mas minha percepção é de que as conversas com ele foram determinantes.

Acredito, também, que a enorme quantidade de cesáreas que ocorre no Brasil poderia diminuir com esta abordagem. Vivendo nas grandes cidades, distantes da natureza interior e exterior, e preocupadas com os aspectos materiais que a gravidez exige, como exames prénatais, quarto, enxoval, entre outros, muitas mulheres e casais permanecem distantes do bebê que está ali crescendo e optam, consciente ou inconscientemente, por não terem um parto normal. Um parto normal exige uma ligação forte com o bebê e com o próprio corpo. Implica visualizar o próprio parto, entender como será a "descida" do bebê pela vagina, um momento crucial na vida de todos nós.

Vários estudos têm mostrado como a relação dos pais com o bebê durante seu estágio de vida intra-uterina é importante e pode ser fundamental para a saúde da criança e para o sucesso do parto.

Um livro publicado recentemente, *A vida secreta da criança antes de nascer*, do dr. Thomas Verny[1], traz muita luz e novidades sobre a interação dos pais com a criança nessa fase, que podem ser bastante úteis para mulheres e casais grávidos. Vamos comentar alguns desses estudos para que os pais se conscientizem da necessidade dessa prática no decorrer da gravidez.

Constatou-se que quando a mãe entoa uma canção que costumava cantar enquanto grávida, a criança se acalma. Muitas mulheres se referem a terem percebido isso e os cientistas que trabalham na área comprovaram o fato.

As atitudes e sentimentos da mãe durante a gravidez influem na personalidade do bebê, que é formada antes do nascimento, contrariando a teoria de Freud, segundo o qual esta se forma por volta dos dois ou três anos de idade.

Esse novo conhecimento mostra que o bebê, antes do nascimento, é um ser dotado de sentimentos, lembranças e consciência. É capaz de reações, tem vida afetiva ativa e pode ver, entender, degustar e até aprender.

Os sentimentos e percepções do bebê determinam seu comportamento. A maneira como ele compreenderá e agirá como indivíduo feliz

---

[1] VERNY, T. *A vida secreta da criança antes de nascer.* São Paulo, José Salmi, 1991.

ou triste, agressivo ou ponderado, seguro ou ansioso depende, em parte, das mensagens que ele recebeu no útero.

A mãe é a principal fonte dessas mensagens. Segundo os pesquisadores, não são as menores preocupações, dúvidas ou ansiedades do cotidiano materno que vão repercutir na criança, mas, sim, os esquemas afetivos mais profundos e duradouros.

A ansiedade crônica e a ambivalência de pensamentos e sentimentos em relação à maternidade podem deixar uma cicatriz profunda na personalidade da criança. Por outro lado, as emoções ricas e positivas de aceitação, alegria, felicidade e espera contribuem de forma importante para o desenvolvimento afetivo de uma criança sadia.

Recentemente, os sentimentos paternos também começaram a ser analisados. Descobriu-se que um dos fatores essenciais para determinar o êxito da gravidez está relacionado com os sentimentos do homem em relação à companheira grávida. Não há nada mais perigoso para a criança no plano físico e afetivo do que um pai que negligencia ou brutaliza a mãe.

Com esses estudos, o papel do pai foi redescoberto, mostrando seu lugar de direito na gravidez. A ajuda do pai é absolutamente essencial ao bem-estar da mulher e do filho, e é muito importante que ele seja incluído nas atividades do pré-natal.

Outro estudo comentado pelo dr. Verny, de um trabalho com 1 200 crianças, mostrou que o relacionamento ruim do casal pode provocar distúrbios físicos e afetivos no bebê antes do nascimento. Depois do nascimento, essas crianças se mostraram mais frágeis na infância, até os quatro ou cinco anos de idade, e com uma estatura inferior à media, o que não aconteceu com crianças estudadas cujos pais tinham uma relação rica e segura no plano afetivo.

Tal resultado confirma minha intuição de que não vale a pena o casal ficar junto em caso de conflitos repetitivos, desgastando a relação, considerando que o bebê está recebendo essa energia.

A criança merece que a tratemos com mais sensibilidade, calor humano e ternura enquanto está no útero e durante o nascimento. O feto tem necessidade de se sentir amado e desejado e de que se converse com ele.

O amor dos pais, se percebido e sentido pelo feto, forma uma proteção ao seu redor, capaz de reduzir ou neutralizar os efeitos das tensões externas. Pensamentos e sentimentos positivos protegem a criança, tornando-a capaz de suportar quase todos os tipos de agressão.

O útero é o primeiro universo da criança. Se for caloroso e afetivo, é provável que ela espere do mundo as mesmas qualidades; se o útero for hostil, a criança terá uma tendência a se mostrar mais hesitante, desconfiada e introvertida.

Estas são as conclusões de vários cientistas a partir de estudos descritos no livro do dr. Verny[2].

O início da vida, de Eva Marnie, é outro livro muito bom, que trata basicamente do mesmo assunto. Já no prefácio ela diz que *"falar com o filho no útero é uma prática incomum, mas não uma novidade. As mães o fazem há séculos — talvez desde os primórdios — algumas timidamente, outras ousadamente, sem que consigam justificar"*.

Eva Marnie, experiente parteira australiana, sugere que os pais *"conversem com seu bebê com a fé de uma criança. Ponham um pouco de lado sua mente questionadora. Dêem vazão à intuição, ao amor e ao carinho profundo, a fim de se formar um laço com o bebê. Falem com ele a respeito de tudo; digam o que tiverem vontade, revelem o que se passa com vocês. Contem-lhe histórias e os momentos festivos que viveram, comentem sobre suas atividades diárias, sobre a família. Apresentem o mundo a seu bebê"*. Para mim, a autora consegue, nesse pequeno parágrafo, dizer tudo sobre a beleza e a simplicidade dessa comunicação.

Vilma Americano do Brasil[4], psicóloga brasileira, a partir de depoimentos de pessoas que utilizaram as técnicas propostas de interação pais-filhos durante o pré-natal, informa que, após a timidez inicial, am-

---

[2] VERNY, T. Op. cit.
[3] MARNIE, E. *O início da vida*. São Paulo, Best Seller, 1989.
[4] BRASIL, V. A. DO. *Interação pais e filhos*. Brasília, mimeo. 1994.

bos passaram a esperar por esse momento e que a intimidade entre eles se intensificou. O bebê deixou de ser um estranho e passou a estar presente no dia-a-dia, tornando-se familiar e querido, inclusive aos outros membros da família. A comunicação dos pais com o bebê após o nascimento ficou muito facilitada, e a mãe, mesmo sendo essa a primeira criança, percebia melhor as necessidades por trás do choro e da inquietação de seu bebê. O pai passou a se sentir mais confiante em lidar com o filho e a expressar seu carinho por ele.

Ainda segundo Vilma, a observação das crianças após o nascimento indica que estas apresentam reflexos mais precisos e respostas mais eficientes à estimulação do ambiente e um desempenho psicomotor mais desenvolvido, firmando o pescoço, rastejando, sentando, caminhando com mais firmeza e segurança, em geral antes do esperado. Têm vivacidade, percepção e inteligência favorecidas. Acalmam-se ao ouvir a voz da mãe ou a música presente na estimulação e reconhecem a voz do pai.

Experiências como essas mostram a importância de tal interação.

Cada autor (e existem outros não citados aqui) apresenta uma forma de realizar esse trabalho.

Passo a relatar a seguir o meu modo de entrar em contato com bebês nas vivências que oriento.

Exercício para entrar em contato com o bebê

* *Escolha uma música suave, que você goste. Pode ser com sons da natureza: de rio, ondas do mar, cantos de pássaros.*

* *Se possível, procure seguir uma rotina de horários. Por exemplo, logo após os exercícios físicos e respiratórios do entardecer. É importante que haja tempo suficiente e que não seja muito tarde para que você não adormeça no meio da vivência.*

* Coloque-se na posição de relaxamento, deitada de lado, com almofadas sob sua cabeça e apoiando as pernas. Sinta todo seu corpo pesado no chão. Respire profundamente. Ao inspirar, imagine que saúde, tranqüilidade, energia renovada estão entrando em todo o seu corpo. Ao expirar, deixe que as dúvidas, ansiedades, preocupações, medo saiam do seu corpo, voltando para a terra. Repita este procedimento três vezes.

* Vá sentindo devagar cada parte de seu corpo. Visualize e relaxe os pés, pernas, joelhos, coxas, quadris, a coluna, vértebra por vértebra, as costas, o pescoço, ombros, cabeça, couro cabeludo. Se vierem pensamentos, deixe que passem, sem se identificar com eles. É como se você estivesse na calçada observando os carros passarem: você observa, mas deixa que eles se vão. Relaxe o rosto, os olhos, boca, maxilares. Mantenha a boca entreaberta, com a língua solta no assoalho da boca. Relaxe o peito, os braços, mãos, dedos das mãos. E agora relaxe todos os seus órgãos internos visualizando-os: garganta, faringe, pulmões, coração, esôfago, estômago, rins, fígado, vesícula biliar, intestinos, órgãos sexuais, o períneo. Sinta seu corpo pesado. Perceba se ainda há algum ponto tenso, desfazendo-o com a respiração.

* Agora, volte sua atenção para o útero. Visualize esse órgão que tem o formato de uma pêra ou um abacate de cabeça para baixo. Procure sentir qual o tamanho do útero nesse momento e que espaço o bebê ocupa dentro dele. Veja o espaço que o bebê tem disponível para se mexer, localize a placenta e o cordão umbilical azul que se liga ao bebê. Sinta o cordão pulsando. Visualize o bebê que você quer ter. Qual o formato de sua cabecinha, a cor e o formato de seus olhos, cabelos, a textura e cor de sua pele, o formato das sobrancelhas, do nariz e da boca, o desenho de seu rosto. Perceba toda a silhueta do bebê, observando seu peito, braços, mãos, dedos das mãos, seus ór-

gãos sexuais (é um menino ou uma menina?); o formato de suas pernas, pés, dedinhos dos pés. Visualize suas costinhas, seu bumbum. Perceba seu coraçãozinho batendo e fique ouvindo. Respire profundamente.

* *Deixe que a energia do amor, saindo do seu coração, entre pelo coraçãozinho do bebê, permitindo que ele sinta essa energia que flui. Transmita-lhe, nesse momento, tudo o que você deseja e converse com ele mentalmente. E fique assim quanto tempo desejar, no mínimo de 15 a 20 minutos.*

No início, pode ser difícil visualizar o bebê e seu corpinho. Não se preocupe. Visualize-o do jeito que você quer.

Como você imagina que é a textura de sua pele? Simplesmente imagine e acredite.

Se outros pensamentos invadem a sua mente, apenas observe, prestando atenção na respiração e nos sons que chegam a seu ouvido. Se vierem pensamentos negativos ou de dúvidas, transforme-os imediatamente.

Por exemplo, uma dúvida do tipo "Será que meu bebê está bem?", deve ser transformada em uma afirmação: "Meu bebê está muito bem. Ele está crescendo saudável e seguro. Eu o amo e estamos nos ajudando mutuamente".

Fazendo o exercício regularmente, com o tempo esse contato fica cada vez mais fácil. Os pensamentos dispersivos diminuem e sua imaginação se amplia.

* *Quando considerar que o contato está completo, despeça-se do bebê imaginando que o está colocando para dormir. Então, volte a atenção para si mesma, para o seu próprio coração. Sinta amor por si mesma.*

* *Depois de alguns minutos, vá voltando devagar. Mexa os pés e as mãos. Abra e feche os olhos, e vá voltando. Espreguice lentamente. Faça caretas com o rosto, abrindo e fechando a boca. Respire profundamente.*

* *Perceba como você está. Relembre a experiência. Se a fez com seu companheiro, conversem sobre suas imagens, percepções e emoções. Se a fez sozinha, escreva sobre ela.*

A vivência, do modo como foi colocado, é uma formalização do contato, um exercício. Naturalmente, esse contato pode e deve ser feito a qualquer momento, simplesmente voltando sua atenção para o bebê. Lembre-se de que dentro de sua barriga existe um ser que deseja que você se comunique com ele. Mandar seu amor, sentir sua presença, responder a alguma questão que ele poderá estar perguntando, seguindo sua intuição, são coisas que podem ser feitas a qualquer hora, em qualquer lugar.

Alise sua barriga. Imagine sua carinha. Respeite seus sentimentos porque a mulher que está "ligada" em si percebe o que o bebê gosta ou não gosta.

Declare seu amor, peça perdão...

O contato com o bebê é um relacionamento íntimo. É uma troca permanente que, se feita com consciência e amor, poderá crescer, amadurecer e dar bons frutos. E para isso não é preciso ter horário fixo. Pode ser ao acordar, enquanto toma banho, durante as caminhadas, trabalhando, ao deitar, enquanto faz amor.

Assim, quando o bebê nascer não será um ilustre desconhecido que está chegando em sua casa, mas, sim, aquele serzinho com quem você manteve tantas conversas e que você já tem a impressão de conhecer um pouquinho.

Ele estará feliz por poder olhar em seus olhos agora. E você, admirada e feliz por ter em seus braços exatamente a pessoinha que imaginava...

O parto

O parto é uma experiência fascinante — quer a mulher esteja preparada ou não. Se preparada, ela poderá desfrutar desse momento de sua vida sexual e ter oportunidade de vivenciá-lo com êxtase. Não estando preparada, o êxtase poderá ocorrer, mas é mais incomum. O normal é que ela seja submetida às rotinas médicas e hospitalares como uma "paciente" sem direito a decidir. Se for mulher da zona rural, como tenho visto muitas ultimamente, se entregará à experiência com a parteira e vai depender também da sorte. Como as mulheres rurais são mais bem preparadas fisicamente e muito menos "encucadas" do que nós, mulheres urbanas, o parto pode ocorrer sem problemas. A parteira assiste à mulher sem interferir, e ajuda-a segundo o que ela sabe.

Acredito que o melhor parto é aquele que combina os aspectos intuitivos da sabedoria feminina com os recursos disponíveis da medicina moderna. Não se pode esquecer, como tem acontecido, que a mulher, do ponto de vista fisiológico, tem condições naturais de dar à luz. Portanto, em geral, é desnecessário utilizar grandes recursos da tecnologia. São raros os médicos que, a pedido do casal, fazem o parto natural, hospitalar ou domiciliar enfrentando às vezes uma série de resistências por parte das instituições oficiais e de outros colegas.

Para as mulheres que utilizam a rede pública, praticamente não há preparação para o parto, a não ser nos locais mais adiantados do Brasil. A maioria dá à luz deitada, e o esquema de berçário, separando o bebê da mãe, é ainda o mais comum.

Cabe às próprias mulheres e casais "grávidos" reverterem esta situação. É preciso estar consciente do processo fisiológico do parto e dos tipos de partos e de rotinas hospitalares existentes.

É necessário escolher um obstetra de confiança que respeite as combinações feitas antes do nascimento e que esteja aberto para as necessidades da mulher.

O curso de preparação para o parto contribui para que os futuros pais estejam mais tranqüilos e confiantes na hora do nascimento, fornecendo conhecimentos teóricos mínimos e condicionamento físico à mulher. E a participação do pai, tanto no pré-natal como no momento do nascimento, deverá estar garantida.

A mulher tem o direito básico e vital de dar à luz "com quem quiser, como quiser, onde quiser, do jeito que quiser", e de ser assistida com respeito, carinho e segurança.

O momento do parto pode ser comparado a um vulcão em erupção. É um fenômeno forte da natureza. No último mês de gestação, a mulher está barriguda, pesada, cansada e ansiosa. De repente, entra em trabalho de parto. O cansaço dá lugar a um excitamento e tem início um processo diferente, como se ela entrasse em "alfa", um estado alterado de consciência. Uma força desconhecida brota como no vulcão. Tenho observado que essa força, esse poder, não é respeitado pelas rotinas médicas e hospitalares ao longo do parto. Há apenas a preocupação técnica e científica de controlar a situação e, freqüentemente, o processo natural é inibido, interrompido, dando lugar às condutas artificiais.

As cesarianas verdadeiramente necessárias (não aquelas por pressa, medo, comodidade) são como uma bênção. A conduta, quando correta, dá suporte e evita grandes erros. Nenhuma mulher que realmente necessite de uma cesárea deveria sentir-se frustrada. Ao contrário, deveria ficar agradecida e feliz por haver recursos que podem salvar a vida da mãe e da criança. Mas, quando tudo corre bem e o "vulcão" pode colocar para fora, sem timidez ou vergonha, o seu "produto da erupção", se há condições para isso, nada o detém e simplesmente acontece. Quantos partos poderiam acontecer naturalmente, com segurança, se os profissionais tivessem paciência para deixar a natureza seguir seu curso.

Estudos sobre o parto

Muitos estudos e pesquisas feitas ultimamente com todo o rigor científico têm confirmado que as emoções positivas da mulher, como confiança e tranqüilidade, e as emoções negativas, como ansiedade profunda, podem ter um papel decisivo na hora do parto. Observou-se que nas mulheres ansiosas os partos eram mais longos e podiam ter complicações, enquanto os partos mais fáceis eram de mulheres calmas que tinham sentimentos menos ambivalentes ante a maternidade e menos conflitos com suas próprias mães.

Portanto, volto a reforçar a idéia de que, durante a gravidez, deve haver um tempo para:

- conversar e refletir sobre o que é ser pai e ser mãe;
- "limpar" o relacionamento com a mãe e o pai por meio de terapia;
- fazer atividades que conduzam ao relaxamento.

Um estudo sobre parto-nascimento[1], sob a visão da harmonização do corpo sensível, relata as dificuldades emocionais sentidas pelo feto ao se aproximar o parto e sugere que bebês nascidos de cesarianas, podem ter mais dificuldades na vida adulta do que crianças nascidas de parto normal.

---

[1] *Estudo sobre o parto-nascimento sob a visão da harmonização do Corpo Sensível.* Mimeo. nov. 1991.

O parto não é apenas um acontecimento fisiológico. Existem aspectos que não são controlados cientificamente e outros dos quais, talvez, nem sequer tenhamos consciência. É misterioso. Mesmo com toda a tecnologia existente, há um momento no parto que não há nada a fazer a não ser confiar na existência, na vida, na Natureza. Neste momento, cabe à mulher se entregar, viver seu medo de morrer e morrer para renascer. Daí o título do livro *Dar à luz... renascer*. É tão forte, intenso, indescritível. Como um orgasmo. A mulher que vive essa experiência com consciência e plenitude jamais será a mesma. É o nascimento da Mãe-Mulher. Para isso, é necessário deixar que o instinto atue, que o bicho fêmea tome conta da situação. Não dá para ser "razoável" ou racional.

O medo do parto

Então, vem o MEDO. O medo é universal. Acredito que toda mulher, em algum momento da gravidez ou do parto, sinta medo de parir. Diz um ensinamento budista que o antídoto do medo é a coragem.

Segundo o documento *Campanha para o parto normal*[2], muitas mulheres preferem a cesárea por causa desse medo. Essa preferência é reforçada pelo fato de as mulheres não terem conhecimento sobre sexualidade e sobre seu próprio corpo. As informações recebidas durante a adolescência são precárias e, às vezes, carregadas de preconceitos. Os métodos contraceptivos nem sempre estão disponíveis para serem usados de forma clara e correta. Grávidas, freqüentemente sem desejar, as mulheres se sentem desprezadas e temerosas de viver sua primeira experiência de maternidade, preferindo um parto passivo, uma cesárea programada.

---

[2] *Campanha para o parto normal: Direito de nascer direito.* Documento, Goiás, 1992 (mimeo.).

A cesárea

Os médicos e os serviços de saúde incentivam a cesariana, pois um atendimento médico ao parto normal dura em média dez horas, enquanto uma cesárea programada é feita em uma hora e tem rendimento econômico freqüentemente maior para o hospital e para o médico. Segundo o Núcleo de Saúde da Mulher, em sua cartilha intitulada: *Parto e nascimento*[3], a cesárea é uma operação de grande porte, devendo ser feita apenas quando houver necessidade, pois apresenta risco de complicações vinte vezes maior e mortalidade materna doze vezes maior que o parto normal. As gestantes desconhecem esse risco. Há mulheres que preferem a cesárea para fazer ligadura de trompas. Mas existem maneiras melhores, com menos risco para a mãe e seu filho, para fazer a laqueadura. Mesmo que o parto já seja indicação de cesariana, é importante aguardar o início do trabalho de parto porque a ausência deste contribui para a ocorrência de doenças respiratórias no recém-nascido.

Na maioria das vezes, a indicação de cesariana ocorre durante o trabalho de parto; é nesse período que podem surgir as mais freqüentes complicações que impossibilitem o parto normal.

Rompendo o ciclo medo-tensão-dor

Pelos estudos sobre o parto sabe-se que existe uma forte ligação entre o medo, a tensão e a dor. Fazer o pré-natal e estar mais à vontade no momento do nascimento, ajuda a interromper esse ciclo medo-tensão-dor. As diferentes posições de parto, de preferência verticais, a respiração correta, a presença do companheiro ou outros entes queridos, a confiança interna, a paciência e o carinho da equipe médica aju-

---

[3] Núcleo de Saúde da Mulher. *Parto e nascimento*. Ceres, Goiás, 1992.

dam a relaxar e viver o nascimento como um momento de amor e intimidade do casal.

No livro *Birth reborn*, as possibilidades de um nascimento amoroso e seguro são amplamente discutidas e fotografadas com depoimentos das parturientes. Vale a pena dar uma olhada nesse livro tão lindo que sempre me inspira e me enche de esperança, de que o parto e o nascimento possam ser revistos em nosso país e na mente das mulheres brasileiras.

Voltando à cartilha do Núcleo da Mulher, leia e reflita sobre as vantagens do parto normal para a mãe e para o bebê.

As vantagens do parto normal

Para você

* Recuperação mais rápida, voltando a andar logo após o parto, prevenindo inflamações nas veias das pernas e outros problemas circulatórios.
* Menos risco de infecção.
* Menor possibilidade de hemorragia, evitando o risco de transfusões de sangue.
* Maior disposição e facilidade para amamentar e cuidar do bebê.
* Menos dor, podendo curtir melhor o bebê.
* Menos complicações urinárias e abdominais.
* A relação afetiva mãe e filho se fortalece mais rápido.

Para o seu bebê

* Menor risco de nascer antes do tempo.
* Menos problemas respiratórios.

* Maior possibilidade de ser amamentado mais cedo.
* O bebê nasce mais alerta e reage melhor a estímulos do meio ambiente.
* Menor risco de apresentar deficiências mentais e neurológicas.
* Menos risco de doenças neonatais.

As fases do parto e a respiração

O parto é composto por três fases: dilatação, expulsão e eliminação da placenta.

O início da dilatação, dependendo de cada mulher, pode ser lento e durar vários dias. Pode ocorrer uma dorzinha leve na parte inferior da barriga, como uma cólica menstrual. Em tais momentos, recomendo fazer a respiração abdominal completa, relaxando bem. Se ocorrer durante a noite, fazer as respirações procurando dormir nos intervalos. Se for durante o dia, procurar continuar com as atividades normais, respirando quando necessário. Evite ficar deitada para que o parto evolua bem.

À medida que o parto progride, deve-se continuar com a respiração profunda, soltando o ar pela boca e dando um suspiro. Abrir a boca e a garganta ajudam a relaxar e dilatar o útero e a vagina. Visualize esse canal que vai da sua garganta até a vagina, deixando o ar percorrê-lo.

Conforme a dilatação aumenta, as contrações se tornam mais longas e doloridas. Nesse momento, utiliza-se a respiração rápida e superficial, pelo nariz, apenas no alto do peito, com a boca fechada. Essa respiração dá uma quantidade extra de oxigênio para a mãe, que fixa mentalmente a atenção no bebê e no ato de respirar, relaxa a região uterina, permitindo que esta se dilate com maior rapidez. Durante os meus partos, e vários que acompanhei, essa respiração foi muito eficiente para atravessar o parto. Ela dá energia e mantém a mulher atenta, inteiramente no "aqui-agora".

A gestante e o acompanhante devem treinar regularmente essa respiração durante o período pré-natal, pois será de grande ajuda na hora do parto, principalmente nas contrações mais difíceis, longas e dolorosas.

Se a mulher nunca treinou ou não treinou o suficiente, pode surgir uma dormência nas pontas dos dedos, braços e até pernas, devido à hiperventilação e ao excesso de oxigênio no organismo, o que pode ser desconfortável. Por essa razão, muitos médicos e preparadores de parto não a recomendam. Esse tipo de respiração lembra a do "cachorrinho", mas é feita pelo nariz para não ressecar a boca nem irritar a traquéia. Com treinamento, a técnica não só pode ser usada com facilidade, como ajuda a mulher a se cansar menos e a se manter calma durante o parto.

Inicia-se a respiração lentamente, aumentando a freqüência segundo o ritmo da contração. As contrações, nessa fase, duram de um a um minuto e meio. Ao finalizar, deve-se fazer uma respiração abdominal e relaxar.

Quando a dilatação estiver completa, a respiração ideal passa a ser costal, ou seja, trazer o ar até a altura das costelas, prender, e com força igual à de fazer cocô, ir soltando devagarinho, concentrando a atenção no períneo.

Não se deve fazer força sem contração. Durante as contrações, recomendo respirar profundamente e relaxar, permanecendo atenta para a próxima contração, quando se reinicia o procedimento.

Existe um livro excelente como guia para a prática da ioga e respiração, intitulado *Ioga e maternidade*, de Ma Anand Gandha[4]. Ela descreve de forma clara e simples a respiração abdominal completa, a costal e a superior. E apóia o uso da respiração superior ou clavicular para o parto, conhecida na ioga como "ujjayi". Segundo a autora, essa respiração é praticada naturalmente, no final da gravidez, porque o diafragma já não pode empurrar os órgãos para baixo, pois encontra-se bloqueado mais acima. Apenas o alto do peito permanece móvel. A "uj-

---

[4] GANDHA, M. A. *Ioga e maternidade.* São Paulo, Tao, 1983.

jayi" permite agüentar longas horas de trabalho sem se cansar e se adapta facilmente ao ritmo particular de toda contração durante a fase da dilatação. Os cursos de preparação para o parto costumam ensinar à mulher, ou ao casal, os diversos tipos de respiração para cada fase do parto.

A visualização do parto

É um exercício que, feito regularmente, ajuda a viver o momento do parto de forma mais tranqüila. Procure gravar em uma fita a seqüência abaixo e ouvir após seu relaxamento, acompanhando com as imagens mentais propostas. Uma música ao fundo ajuda a relaxar. Você pode também pedir para alguém ler para você, de forma suave e pausada. Eis a seqüência:

Sinta seu colo do útero se abrindo. Aquele pequeno orifício, com a pressão da cabeça do nenê para baixo, começa a dilatar. Um tampão mucoso, com aspecto de clara de ovo, com vestígios de sangue, desliza pela vagina. As contrações vão aumentando pouco a pouco, tornando-se mais fortes e regulares. Respire profundamente, relaxando na expiração (respiração abdominal completa). Sinta em que posição seu corpo gostaria de ficar. Fique atenta para a próxima contração. Se ela vier forte, faça a respiração superior, só no alto do peito, forte e rápida. Lembre-se de que cada contração a mais é uma a menos. Seu colo continua a dilatar 2... 3... 4... 5 cm. As contrações são agora intensas e freqüentes. Entre dentro de uma banheira de água quente, com a bacia mergulhada na água, aliviando a dor que você sente nos quadris. Visualize o lugar de seu corpo que dói sendo massageado com um óleo aromático, bem cheiroso, entre as contrações.

Parece que você não está suportando, mas a respiração forte e rápida permite que você atravesse cada contração com energia. Aprovei-

te o intervalo para relaxar, deixe-se ser massageada, tome um pouco de água e mel se sentir vontade.

Outra contração. Agora a dilatação está em 6... 7... 8 cm. Você sente vontade de fazer força, mas ainda não tem certeza se é isso mesmo. É a fase de transição para entrar no período de expulsão. Com coragem você se concentra mais e mais. Entrega-se a essa força imensa que toma conta do seu corpo. Respira, respira, respira e relaxa, relaxa, relaxa. Um pequeno fio de sangue escorre da sua vagina para suas pernas. Agora você tem certeza, alguma coisa mudou. Você está totalmente dilatada. O nenê vem descendo por sua vagina. A cada contração você respira, segura o ar e faz força como para fazer cocô, soltando o ar devagar. Concentra-se em seu períneo, na parte baixa do ventre, a pressão é forte sobre sua vagina. Confiante e com energia você aproveita plenamente cada contração. Fixa sua força lá embaixo, empurrando para o bebê descer. Parece que vai arrebentar tudo... mas não, sua vagina é como uma flor que está se abrindo mais e mais. O bebê vem vindo, está coroando. Sinta-o com suas mãos, perceba e viva conscientemente esse momento maravilhoso. É dor e prazer. Coragem e medo. Mais uma vez, lá vem a contração e agora com força e relaxando ao máximo seu períneo, você se entrega ao ápice dessa experiência: a cabeça do nenê atravessa sua vagina e seu corpinho vem deslizando em seguida. Um suspiro, gemido, emoção, inspiração profunda. Relaxe outra vez.

Sinta esse momento, que pode ser o melhor de sua vida. O orgasmo mais intenso, mais pleno.

O bebê é colocado em sua barriga. É um homem? Uma mulher? Está com o cordão pulsando em cima dos seus seios. Você o ajuda a encontrar os mamilos. Ele começa a sugar.

Você sente uma contração em seu útero, e a placenta começa a se descolar, a descer pedindo mais uma força. Ela sai inteira e você se sente leve.

O cordão umbilical parou de pulsar e é cortado. Sua vagina está completamente intacta, apenas um pouco ardida e dolorida.

Sua felicidade é intensa.

Seu encontro com esse ser está apenas começando. Você está iniciando um mergulho em uma paixão incrível. Ele encontra seus olhos e vocês se vêem e continuam se olhando... por muito e muito tempo...

Ao finalizar, vá voltando sua atenção devagarinho, se espreguiçando. Fique neste espaço de silêncio por mais alguns minutos. Depois, relembre-se de como foi sua experiência. Pode escrever, se quiser, conversar com seu companheiro ou com outra pessoa, sobre a visualização.

Quanto mais vezes praticar, maior será sua intimidade com o processo fisiológico do nascimento. Isso permitirá que você se sinta à vontade durante o parto, sabendo o que vai acontecer, dona da situação, consciente de cada etapa que terá de atravessar.

A hora "H" do parto

Você e seu companheiro estão preparados. Tudo foi feito para receber o bebê com carinho e o tipo de parto que você pretende ter já está escolhido:

- normal, no hospital público ou particular;
- normal, em casa, ou "parto domiciliar", feito por parteira ou médico;
- normal, na Casa de Parto (já existem algumas no Brasil);
- cesárea.

A data provável está próxima. Lembre-se de que é apenas uma referência, é comum o bebê nascer de dez a quinze dias antes ou depois da data estabelecida. Portanto, não fique ansiosa porque pode interferir na fisiologia normal do seu corpo, levando a uma cesárea desnecessária. Se muitos amigos e parentes ficarem lhe perguntando se "ainda não nasceu", criando um clima de expectativa, procure não atender aos telefonemas e leve na brincadeira dizendo que ainda "não chegou a hora 'H'". Nos últimos dias da gravidez procure um lugar tranqüilo para ficar, se possível mais perto da natureza. Isso a ajudará a se conectar e se interiorizar para esse momento tão lindo e forte.

Quando começarem as contrações, observe o seu tempo de duração e se estão ritmadas, ou seja, com intervalos iguais entre uma e outra. Por exemplo, se você estiver tendo contrações de mesma duração, em intervalos de vinte em vinte minutos, pode ser que você esteja em trabalho de parto. Converse com seu médico para confirmar, pois pode ser um "alarme falso", o que é comum no final da gravidez.

Movimentos do bebê para se encaixar na posição podem levar a contrações seguidas, mas ele pode ainda não estar pronto para nascer. Desde o oitavo mês de gestação, tais contrações podem ser freqüentes.

Outros sintomas podem indicar que você está perto de entrar em trabalho de parto. A ruptura da bolsa d'água é um deles e você pode esperar tranqüilamente até 24 horas para que comecem as contrações. Muitas cesáreas são feitas porque a bolsa rompeu e alguns médicos não gostam de esperar. Confie no médico que você escolheu, que estará observando como está o bebê em seu útero e confie em seu corpo. Logo virão as contrações e a dilatação.

A saída do tampão mucoso é outro sinal. O muco pode ficar saindo por vários dias e a dilatação começar a ocorrer sem que você sinta. Cada parto é diferente de outro e descrevo aqui o parto "didático", aquele que é mais comum.

Estando em trabalho de parto, avise seu médico e evite ir imediatamente para a maternidade. Permaneça em casa, onde você terá mais liberdade para respirar, caminhar e ficar em posturas livres e confortáveis. Quando chegar ao hospital, será submetida às rotinas que podem inibir o bom andamento do parto. Se você mora na cidade, vá para o hospital quando as contrações forem regulares de dez em dez minutos.

Mantenha a calma e continue respirando o tempo todo. Pense positivamente, peça ajuda aos seus guias e confie. Entregue-se totalmente a esse momento sem resistir. Não há mais nada que você possa fazer, agora, para "controlar" a situação. Respire, relaxe e faça força quando necessário. Acredite naqueles que estão cuidando de você e abra-se para essa experiência que poderá ser a mais linda de sua vida.

E se o bebê morrer?

Infelizmente, embora em pequena percentagem, de fato, isso pode acontecer. Já acompanhei mulheres que tiveram assistência pré-natal, gravidez normal e parto bem assistido e, no entanto, perderam o bebê por causa de problemas durante o parto ou após o nascimento.

Não podemos controlar os mistérios da vida. Pode ser que aquelas crianças tenham vindo para cumprir apenas o período intra-uterino e viver pouco tempo após o parto. Naturalmente, é muito doloroso. E não há nada a fazer a não ser ir fundo nessa dor, vivendo-a intensamente, procurando compreender seus ensinamentos.

Como nunca vivi essa experiência pessoalmente, sinto que não tenho condições de me aprofundar nesse aconselhamento. No entanto, minha vivência com outras mulheres mostrou que é necessário buscar ajuda terapêutica para superar esse momento tão difícil. O apoio dos amigos e da família, talvez uma viagem, e a confiança de que esta dor também passará, vai aos poucos abrindo espaço para novas experiências mais felizes com a gravidez e o parto. Outros lindos bebês poderão vir. Foi o que aconteceu com minhas clientes.

Lembre-se de que 90% dos partos ocorrem de forma absolutamente natural, sem nenhum problema para a mulher ou o bebê. Tenha sempre isso em mente durante sua gravidez e na hora do parto.

O pós-parto: recebendo este ser...

Assim que o bebê nasce, inicia-se o que chamo de o "quarto trimestre da gravidez". Quarto trimestre porque o bebê saiu de dentro do útero materno, mas continua dependente da mãe.

Essa dependência não se refere apenas ao aleitamento, mas à necessidade de o bebê ir se adaptando a este mundo, de sentir-se protegido, amado e seguro. Para isso, além do leite materno, é preciso que receba calor e que esteja em contato permanente com a mãe.

Ainda no hospital, na primeira hora após o nascimento, deve-se estar atento e sem pressa para que a mãe e o pai vivenciem seu encontro com o bebê. São momentos de emoção e alegria, que têm início com o nascimento e podem durar vários dias. É quando se estabelece a ligação, o vínculo dos pais com o bebê, quando os pais sentem que o bebê é deles e ele percebe que está entre amigos. É fundamental que seja vivido em paz e com privacidade. Se não se tomam providências com antecedência para viver esses dias com calma, corre-se o risco de desfazer o encanto, pois é um período muito delicado.

Infelizmente, tal processo é tratado como de importância secundária na rotina hospitalar. Os hospitais tratam o período após o nascimento como um espaço de tempo em que tudo deve ser limpo e organizado e a mãe deve ficar descansando. Se ela estiver muito excitada, são capazes de lhe dar pílulas para dormir. Como resultado, muitas mulheres perdem a confiança de segurar e se relacionar com seu bebê, entrando em depressão pós-natal. Quando as mulheres são tratadas de outra forma, como por exemplo na clínica de M. Odent[1] ou nos partos domiciliares, evitando-se o uso de drogas e respeitando-se a oscilação hormonal da mulher durante o parto, elas ficam menos vulneráveis à depressão do que nos hospitais comuns.

Outros autores, como S. Kitzinger[2] e Janet Balaskas[3], são unânimes em confirmar esse ponto. As horas seguintes ao parto são muito intensas para a mulher, tirando-lhe o sono e trazendo-lhe um estado de alegria e excitação. É importante não ter pressa de vestir o bebê e deixar que ele e a mãe se curtam o tempo que quiserem, de preferência nus. O contato pele a pele é vital para que se inicie a relação mãe e filho. É uma recomendação dos especialistas que as mães segurem seus bebês nus após o parto pelo tempo que desejarem, até que se conheçam bem.

O ideal seria que a própria mãe, com o apoio da equipe hospitalar, cuidasse do bebê enquanto no hospital. Se o pai também estiver envolvido no processo, por exemplo, pesando o bebê, segurando-o, trocando fraldas e dando banho, se tornará mais ligado e compreensivo com os filhos ao longo da vida. Esse dado é confirmado por experiências realizadas na Inglaterra, conforme comenta S. Kitzinger[4].

As visitas pós-parto devem ser limitadas e bem escolhidas. Apesar de toda mobilização da força da natureza, do instinto, presentes no binômio mãe-filho, é um momento de fragilidade, no qual é preciso que a mulher esteja calma e centrada.

O bebê também está vivenciando processos internos de adaptação, ligados à insegurança e ao medo. Quando no útero, mesmo passando pelas mesmas emoções, estava mais protegido. Agora pode estar exposto a mãos que temem carregá-lo, a vozes altas e barulhos, ao banho

---

[1] ODENT, M. *Birth reborn*. Londres, Souvenir Press, 1984.
[2] KITZINGER, S. *The complete book of pregnancy and childbirth*. Nova York, Alfred A. Knopf, 1980.
[3] BALASKAS, J. *Parto ativo*. São Paulo, Ground, 1993.
[4] KITZINGER, S. *Giving birth*. Nova York, Taplinger Publishing Company, 1971.

que pode estar com uma temperatura desconfortável, ao tempo limitado para satisfazer suas necessidades de sucção e alimentacão. E sua única reação será chorar.

O tempo no colo pode estar sendo insuficiente ou o seu bercinho, amplo e vazio, lhe trazer medo e insegurança. Seu mecanismo fisiológico está começando a funcionar, provocando-lhe cólicas, gases e desconforto. E aí vem mais choro.

Não pretendo descrever aqui os cuidados necessários com o recémnascido, um assunto amplo para o qual existem bons livros. Quero apenas enfatizar que tanto a mãe quanto o bebê são, nessa fase, uma dupla inseparável vivendo o "quarto trimestre da gravidez".

Para vivê-la de forma saudável e positiva é importante que alguns cuidados sejam tomados para evitar inúmeros problemas. Foi o que pude verificar em meus períodos pós-parto e com muitas mulheres que acompanhei. À medida que se vivencia o dia-a-dia, um aprendizado natural vai emergindo, diferente para cada mulher, bebê e casal. Cuidar da criança passa a fazer parte da rotina, e ela estará mais adaptada ao mundo. É o final do quarto trimestre da gravidez.

Cuidados com o bebê no pós-parto

* Coloque seu bebê dormindo com você ou ao seu lado nos primeiros dias após o parto, para que o contato seja mais intenso e confortável.

* Use cestos feitos com materiais naturais e menores que um berço comum para os primeiros dois ou três meses de vida do bebê. As redes e cestas que balançam lembram os movimentos uterinos, o que poderá relembrá-los da sensação de proteção. Os berços amplos dão a sensação de abandono e solidão.

* Permita o contato pele a pele com o bebê durante o banho e o aleitamento.

* Quando estiver amamentando, procure deixar o bebê sugando o tempo que ele desejar e aguarde o tempo necessário para que ele arrote. Isso evitará cólicas e choros indesejáveis.

* Segure o bebê no colo, colocando-o junto ao seu coração, para que ele se lembre do período em que estava no útero. Isso preenche suas necessidades de segurança e apoio e, se você faz isso de forma tranqüila, seu bebê se adapta ao mundo com alegria, chorando muito menos.

* Aprenda *shantala* (massagem para bebês) e faça-a diariamente. Não é preciso dominar completamente a técnica, basta conhecer uma seqüência de movimentos e fazê-los de forma intuitiva e com amor. O livro de Leboyer[5] ajuda muito, e há profissionais especializados em massagem para bebês que podem ser consultados.

* Evite ambientes ruidosos como supermercados, *shoppings,* trânsito intenso, festas, salas de televisão ou som muito alto. O ideal é manter o bebê, sempre que possível, em espaços mais tranqüilos.

* Coloque as músicas que eram usadas no contato com o bebê enquanto você estava grávida para que ele se acalme quando estiver agitado ou na hora de dormir.

O bebê recém-nascido funciona como uma esponja, assimilando a energia negativa dos lugares que freqüenta. Por isso, as vezes há choros inexplicáveis que podem ser uma forma de o bebê extravasar e limpar essa energia.

Para a mãe

* Fazer o horário do bebê sempre que possível, dormindo e acordando com ele.

---

[5] LEBOYER, F. *Shantala*. São Paulo, Ground, 1986.

* Ter ajuda extra para os trabalhos domésticos.

* Tomar bastante chá e líquidos, e ter uma dieta especial para o aleitamento.

* Ter uma cadeira confortável e gostosa para amamentar, e almofadas suficientes para recostar-se em sua cama para as mamadas da noite. Lembre-se de que o aleitamento equivale a uma jornada de trabalho e é importante estar confortável. Verifique quanto tempo você gasta por dia dando de mamar, colocando o bebê para arrotar e trocando as fraldas e verá que são necessárias muitas horas para tais tarefas.

* Iniciar uma disciplina diária de trabalho corporal quinze dias após o parto normal, e um mês após a cesárea. Caminhadas, exercícios de respiração, algumas posturas de ioga, massagem e relaxamento são importantes para que você esteja bem disposta, tranqüila e com muito leite para amamentar o bebê.

Quando a gente está realmente conectada, nossa energia é vibrante e temos ótima disposição.

A convivência com o bebê é tão intensa que, depois que ele nasce, também temos necessidade de ficar sozinhas por alguns momentos ao longo do dia. O ato de amamentar e todos os cuidados com ele consomem muita energia da mulher. Por isso, dê-se um tempo enquanto o bebê estiver dormindo ou no colo de alguém em quem você confie.

Volte-se para si mesma e reflita sobre esse intenso período de sua vida. Observe como está sua convivência com as outras pessoas ao seu redor. Se sua mãe veio para ajudar, sua presença, nesse momento, pode estar lhe trazendo lembranças ou reforçando programações que você quer desfazer. Procure trabalhar seus conflitos internos entrando em contato consigo mesma e com seu Eu Superior, buscando energia renovada e paz interior.

Essa paz a ajudará a viver seu novo papel de mãe sem perder sua individualidade de mulher, de Ser.

Dar de mamar

Dar de mamar é entrar em sintonia amorosa com o nenê.

É um encontro íntimo, sensual, prazeroso, uma fonte de amor contínua que alimenta o pequenino ser, física, mental, emocional e espiritualmente.

Além de ser necessário preparar os seios durante a gravidez, se alimentar e dormir bem, descansar e estar tranqüila, para viver essa experiência, com plenitude, é preciso que se esteja disposta a superar os bloqueios emocionais e afetivos que a gente adquire durante toda a vida. Sim, porque o aleitamento faz parte de nossa vida sexual e afetiva, e ter vivido traumas nesse sentido poderá trazer problemas de rejeição e dificuldades no aleitamento[6].

Muitas mulheres não conseguem dar de mamar ou viver essa experiência com prazer e tranqüilidade. Além dos problemas cotidianos comuns, como falta de conhecimento sobre a arte de amamentar, cansaço, nervosismo, ansiedade, falta de apoio do parceiro, pressão familiar para dar mamadeira, crendices (leite fraco, leite insuficiente), necessidade de sair para trabalhar, falta de disponibilidade interna para aleitar, os problemas ligados ao pouco conhecimento e intimidade com o próprio corpo e inibição sexual, também contribuem para que muitas mulheres não consigam amamentar ou o façam por tempo insuficiente.

É importante enfrentar as dificuldades iniciais comuns ao processo de adaptação ao aleitamento. Não hesite em procurar ajuda de profissionais ou de grupos específicos que trabalham nessa área com orientação à mulher. Dar de mamar é um aprendizado, e cada mulher precisa ter sua própria experiência. Portanto, cuidado com os conselhos e comentários das pessoas sugerindo mamadeiras ou dizendo que seu leite é insuficiente. O leite nunca é fraco ou pouco, cada mulher produz o que o seu bebê necessita e, inicialmente, é preciso deixar o bebê sugar o tempo que for preciso. Aos poucos, ele mesmo vai adquirindo um rit-

---

[6] RODRIGUES, L. P. F. — *O aleitamento e a sexualidade*. Anais do VII Encontro de Aleitamento Materno, São Paulo, 1996.

mo e dando intervalos mais regulares entre uma mamada e outra. Se a quantidade de leite diminuir, espontaneamente o bebê saberá que deve sugar mais. Conviva tranqüilamente com essas variáveis procurando descansar, alimentar-se bem (veja capítulo sobre alimentação) e ingerir muitos líquidos.

Tristeza, nervosismo e discussões diminuem o leite. Se acontecer, deixe seu bebê sugar mais e tente amenizar os motivos que a deixam nesse estado. O apoio da família e do companheiro são muito importantes para continuar amamentando.

Durante o aleitamento, é preciso lembrar-se de que o bebê necessita mais do que simplesmente o leite. A amamentação supre as necessidades de afeto, amor, segurança, sexualidade, contato com a mãe, prazer, sendo, portanto, um fator determinante para a vida do Ser adulto.

Segundo Eunice Cunha[7], odontóloga, é fundamental que se preste atenção à postura do aleitamento. Assim como sabemos que o parto deitado não é fisiológico, o mesmo acontece com a postura de aleitar. Os índios, os animais e os primitivos sempre amamentam em uma postura vertical, enquanto em nossa sociedade 99% das crianças são amamentadas deitadas. Segundo a autora, "quando o bebê está deitado, sua mandíbula é projetada para trás, junto com a língua, bloqueando parcialmente a passagem de ar pela orofaringe. Para o bebê recém-nascido, que basicamente tem sua respiração oral, a conseqüência disto é uma respiração difícil, imprimindo em sua memória a sensação angustiante de sufocamento. Além disso, junto com o leite o bebê engole ar, a causa principal de gases". Com o bebê sentado no colo da mãe, tem-se uma série de vantagens, evitando-se esses problemas e permitindo que ele faça um esforço maior para sugar o seio materno ao ter que projetar a mandíbula para a frente. Isso permite que o bebê tenha o aprendizado de "ir atrás do seu alimento", tornando-se mais independente e mais livre. A mãe necessita estar com a coluna ereta, ajudando no cuidado com a postura. Amamentar o bebê sentado no

---

[7] CUNHA, E. L. "O ato de mamar é para o ser inteiro". *Jornal de Alquimia*. São Paulo, mar.-maio, 1993.

colo não é comum, mas considerando-se as vantagens que traz ao bebê, vale a pena tentar.

Bom aleitamento para todas!

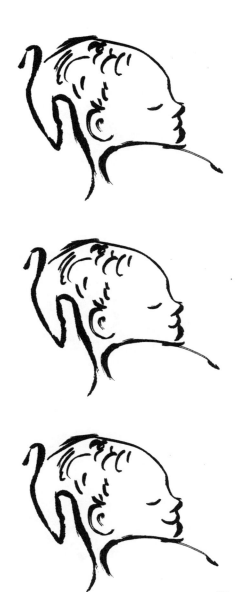

**Parte II
Por bebês mais
felizes**

Meus cinco filhos nasceram de parto normal. Hoje em dia isso pode significar que eu seja uma mulher diferente, mas sou apenas uma mulher comum da cidade. Sim, porque as brasileiras rurais têm cinco, seis, sete filhos e parem sem a menor dificuldade. Como urbana, tive a sorte de ter tido condições favoráveis que me permitiram viver meus partos normalmente e com prazer.

Quero contar às mulheres e aos homens como foram minhas gestações e partos. É meu modo de contribuir com os pais da Nova Era, cujos filhos vão transformar nosso planeta, e com os bebês, para que cheguem mais felizes ao mundo.

Aprendi, e tento colocar em prática, no cotidiano, que relaxar é cada vez mais importante e necessário. Pois na hora do parto, relaxar é a chave para tudo... Relaxar as tensões, o períneo, o coração, o rosto. Rir, chorar, falar, gritar. Andar, sentar, ficar de quatro, de cócoras, de lado. Ser uma fêmea, se apoiar no outro, fazer força, xixi, cocô, descansar, dormir. Com toda a liberdade a que temos direito. Com a intimidade de quem está fazendo amor.

Acredito sinceramente que este é o verdadeiro caminho para a mulher resgatar sua própria energia e a energia feminina do planeta. Faz parte do processo de libertação que estamos vivendo.

Durante o acompanhamento de grávidas para a preparação do parto, tenho visto mulheres aptas e preparadas para um parto normal serem submetidas a partos induzidos e cesáreas.

Observo como o tempo se tornou um fator escasso na rotina médico-hospitalar. Não há tempo para esperar a Natureza agir. E a figura da parteira, que poderia ajudar muito, é ignorada. Elas vivem seu trabalho nos locais onde não há médicos, de forma intuitiva e amorosa, com respeito à vida que vem vindo, ao ser que estão recebendo. Com elas, o parto é tratado como um ritual.

O momento é de mudanças. Parir um filho é muito mais do que um ato fisiológico e não pode continuar a ser tratado como doença. É necessário que se respeite o Ser da Mãe, do Pai e da Criança, envolvidos nesse movimento de vida e de crescimento, na travessia de uma passagem.

É importante estar consciente dos processos internos que se intensificam durante a gravidez. É tempo de grandes transformações e resistir a elas é como provocar um aborto. Pode levar à sensação de vazio, tristeza, perda de ânimo e até de vida.

Viver esses processos plenamente conduz à compreensão e à liberdade. À medida que o bebê cresce, e crescemos junto com ele, vem o autocrescimento. A busca se concretiza, a solidão desaparece e ao dar à luz, segue-se o renascimento do Eu, do Ser, do Pai e da Mãe.

É necessário que mulheres e o homens estejam dispostos a viver a experiência do nascimento de uma forma diferente daquela proposta pelos esquemas oficiais. Isso requer preparo físico, mental, emocional e espiritual.

Agora, passo a entrar em contato com minha própria experiência, que me fez perceber e entender a magia da gestação e do nascimento. Vou relatar o que guardo na memória de cada um dos meus bebês, a meu ver, crianças felizes e harmoniosas.

Beto

Hoje, olhando para trás, me vejo uma menina inocente, aos vinte e quatro anos, vivendo minha primeira gravidez. Foi planejada, fruto de um desejo instintivo, de um amor gostoso. A carícia das peles acaba pedindo um filho. Alberto veio assim, desse encontro, desse amor.

Grávida de dois meses, deixei a família, amigos e trabalho e fui viver em Oxford, Inglaterra, com o meu companheiro que lá fazia doutorado. Apesar da dificuldade de adaptação, da saudade dos meus pais e amigos, da solidão e do escurecer já às quatro horas da tarde, tive uma gravidez tranqüila. Não tive enjôos e fiquei fisicamente bem-disposta até o nono mês.

Fiz o pré-natal no serviço de saúde pública e gostei muito. Fui atendida algumas vezes pelo clínico-geral e mensalmente recebia a visita de uma *midwife* (parteira), que conversava comigo, media a minha barriga e via a posição do bebê. Ela dizia que quanto mais me conhecesse, melhor seria sua ajuda na hora do parto, porque saberia quais seriam as minhas reações mais comuns.

Participamos, meu companheiro e eu, do curso de preparação para parto oferecido pelo Centro de Saúde Local. Aprendi a respirar e relaxar.

No oitavo mês, a parteira constatou que meu bebê estava sentado, portanto, que ela não faria o parto, mas um médico obstetra. Fui encaminhada ao hospital e passei a fazer o pré-natal especializado. Ficou decidido que meu parto seria normal, pois o Raio X constatou que eu tinha largura de bacia suficiente para o bebê passar, mesmo sentado. Naquela época, 1975, não havia ecografia.

Na manhã de 21 de junho, acordei com uma cólica leve e com perda de muco. Passei o dia aguardando. Tomei um longo banho e fiz minhas unhas. Às três horas da tarde, embora as contrações estivessem fraquinhas, fui para o hospital. Chegando lá, mandaram-me voltar. Decepcionada e nervosa, chorei e resolveram me internar na ala de obstetrícia.

Duas horas depois, entrei em trabalho de parto. Fiquei deitada por nove horas seguidas, o que contribuiu para o parto ser mais longo. A respiração que aprendi no curso me ajudou muito. Quando a dilatação estava quase completa, recebi anestesia peridural que tirava minha sensação de dor da cintura para baixo. Estava muito cansada nesse momento e a anestesia me relaxou, permitindo que eu dormisse por alguns minutos, me preparando para a força final.

Meu companheiro permaneceu comigo até esse momento. Quando fui encaminhada à sala de parto, não foi permitida a presença dele, pois, segundo a enfermeira, "o parto pélvico poderia deixá-lo impressionado".

Percebi todas as contrações de expulsão, que eu acompanhava pelo monitor ao meu lado. Fiz bastante força, mas por ser um parto pélvico, foi necessária a ajuda do fórceps para apressar a saída da cabecinha do bebê.

Beto nasceu muito bem e foi imediatamente colocado de bruços em meu ventre.

Reparei em seus olhos lindos e expressivos. Levado ao seio, mamou um pouquinho e ficamos em alojamento conjunto durante todo o tempo que permanecemos na maternidade.

Foi lá que aprendi a cuidar dele. Com a ajuda e supervisão do pessoal do hospital, eu mudava suas fraldas, dava-lhe banho e de mamar. Seu bercinho não saía do meu lado e eu sabia que, de certa forma, isso seria assim por grande parte de minha vida.

Lembro-me de que durante uma mamada, recebi a notícia de que meus pais não viriam mais, o que me deixou muito triste. Não conseguia conter as lágrimas que o bebê engolia junto com o leite.

Eu estava muito sensível. Como não entendia nem falava bem o inglês, suponho que não percebi que colocaram um tampão em minha vagina após o parto. Meus pontos da episiotomia não melhoravam, tudo ardia e, apesar de estar sendo freqüentemente examinada e cuidada, a cada dia me sentia mais desconfortável.

Só quando cheguei em casa, sete dias depois, é que descobri o que estava acontecendo. Durante a visita da parteira, ela tirou o meu tampão malcheiroso e ficou indignada com o hospital. Fui obrigada a tomar uma carga de antibióticos. Por incrível que pareça, essas coisas também acontecem na Inglaterra.

Apesar dos contratempos, meu companheiro e eu estávamos apaixonados pelo bebê. Totalmente envolvidos com as mamadas, banhos, passeios, cólicas, cocôs, dia e noite. Passamos um mês vivendo uma intensa vida familiar.

Depois, tudo foi voltando ao normal. Insegura, achava que meu leite não era suficiente. Beto só mamou dois meses porque eu não confiava em minha capacidade de aleitar e não consegui resistir à tentação das mamadeiras, esterilizadores, alimentos em potinhos e sucos prontos do mercado europeu.

Esse primeiro parto foi muito significativo em minha vida.

Literalmente, "escapei de uma cesárea". Se eu estivesse morando no Brasil e com um bebê sentado na barriga, a indicação seria de cesariana principalmente por eu ser primípara (mãe de primeiro filho). E, sem dúvida, minha história seria diferente porque há uma crença generalizada de que depois de uma cesárea é muito mais difícil um parto normal.

O fato de estar longe da família, sem o tradicional apoio de minha mãe, irmã e amigos, me obrigou a ser mais independente, a cuidar do bebê, da casa, e a assumir rapidamente o papel de mãe.

Agradeço à Existência por essa experiência de vida tão forte.

Gabriel

Mais uma vez, fui arrebatada pelo encontro, pela paixão, pela carícia das peles sensuais. E mais uma vez, meu corpo pediu. Tirei o DIU que usava há três anos e, três meses depois, fiquei grávida do Gabriel. Alberto estava com oito anos.

Flávio, meu atual companheiro, cheio de vida, saúde e sonhos, terapeuta bioenergético, sabia como um parto pode ser. E insistiu para que eu fizesse a experiência, que o parto fosse feito em casa.

Morávamos em Recife, onde eu fazia mestrado. Conheci Djanira que trabalhava com preparação para o parto e tinha um grupo de mulheres em Olinda. Passei a freqüentar esse grupo desde os dois meses de gravidez. Lá as mulheres apoiavam o parto domiciliar e questionavam o tratamento dado ao parto no sistema oficial.

A partir dessa época, passei a ter consciência de como as mulheres enfrentam esse momento em suas vidas, como os médicos e outros profissionais de saúde lidam com a parturiente e como a sociedade é cheia de conceitos e preconceitos em relação à gravidez e ao parto. Histórias trágicas sobre gravidez e nascimento, sobre medos e culpas chegavam aos meus ouvidos o tempo todo.

Aprendi e tive muito apoio no grupo de Olinda. Conheci um livro que me trouxe muita luz e veio de encontro a tudo que eu acreditava sobre parto. Intitulado *Birth reborn* (Renascimento do nascimento), de Michel Odent[1], não traduzido no Brasil, passou a ser meu guia durante a gravidez.

O livro trata do trabalho que Odent fez em Pithiviers, uma pequena cidade ao sul de Paris, que revolucionou a maternidade local. A partir de mudanças simples em sua rotina, como transformar a sala de pré-parto e de parto em locais aconchegantes; ensinar canto durante o pré-natal e trabalhar com as parteiras, ele conseguiu trazer de volta o êxtase e o prazer da hora do parto. Seu livro, com fotos lindas e sur-

---

[1] ODENT, M. Op. cit.

preendentes, mostra como o nascimento pode ser um momento cheio de amor e emoção, compararável ao ato de fazer amor.

Baseados na experiência de Odent, compramos uma piscininha de plástico e decidimos que nosso parto aconteceria ali, em casa. O apartamento em que morávamos ficava a cem metros de uma maternidade, o que nos deixava mais tranqüilos.

Nossa gravidez foi muito boa. Estávamos em plena lua-de-mel e eu me sentia fisicamente bem-preparada e emocionalmente feliz. A ecografia revelou um bebê bem posicionado.

Não encontramos nenhum médico disposto a participar do parto. Penso que a obstetra que me acompanhava, uma homeopata, sentia-se atraída mas não se arriscava a estar presente. Flávio, como médico, já havia participado de alguns partos e tínhamos certeza de que tudo correria bem.

Às três horas do dia 27 de novembro comecei a sentir as primeiras contrações, leves e esparsas. Não me preocupei, pois já havia tido dois alarmes falsos. Levantei-me e caminhei pelo apartamento. Quando vinha a contração, apoiava-me nas almofadas e respirava. Duas horas depois, as contrações se intensificaram e acordei Flávio. Ele me perguntou se eu queria mesmo ter o bebê em casa. Eu sabia que sim.

As contrações se tornavam cada vez mais fortes e longas. Continuei caminhando e respirando, e quando o trabalho ficou mais forte, resolvi entrar na água. Eu respirava. A piscina de água quente aliviava a dor dos quadris. A pia do banheiro serviu de suporte para a fase do parto em que, já dilatada, senti vontade de fazer força. Nesse momento, me veio um enorme e incontrolável desejo de gritar. Sem reprimi-lo, gritei e assustei quem estava por perto. Mas consegui relaxar o períneo e o bebê nasceu. Às 7h40, ele mergulhou na piscina e, ao retirá-lo, nos deparamos com um lindo bebê moreno, forte e chorão.

Flávio o colocou sobre minha barriga e seu cordão umbilical ainda pulsava. Logo me dei conta de que meu companheiro havia se tornado pai e que aquela sua segurança de minutos atrás havia desaparecido.

Nesse momento senti falta de outras pessoas para darem força na parte prática. Pegar toalhas, arrumar a cama, ajudar a cuidar do bebê. Nossa empregada estava assustada e sem iniciativa e Beto andava de bicicleta na rua.

Ficamos um tempo inseguros, sem saber o que fazer. Lembramonos de chamar uma vizinha, que era médica, e morava no andar de baixo. Ela veio e quando percebeu que tudo fora preparado para o bebê nascer em casa, rapidamente deu instruções sobre o umbigo do bebê, ajudou a vesti-lo e foi embora. Parecia bastante assustada.

Ligamos para a obstetra, a homeopata. Ela ficou tocada com a nossa coragem, e acho que arrependida por não ter estado no parto. Fomos a pé para a maternidade ao lado. Levei uns pontos, pois tive um leve rompimento no períneo. Tomei alguns remédios homeopáticos e me recuperei rapidamente.

Gabriel foi um bebê comilão e esperto e a única dificuldade que tivemos foi a de nos adaptarmos às noites maldormidas.

Que experiência forte e linda a existência nos proporcionou!

Depois de tudo arrumado, recostada em minha cama, amamentando meu lindo bebê e ao lado do meu filhão mais velho, senti-me profundamente agradecida e feliz por estar vivendo esse momento tão lindo, no aconchego do meu lar.

Flávio e eu nos abraçamos. Ele relaxou e chorou como uma criança.

Raoni

Quando Gabriel estava com dez meses, me surpreendi grávida novamente. Foi a minha primeira gravidez não planejada; eu usava o método do diafragma junto com a tabela, e "furou". Na verdade, cometi o erro de só usar o diafragma nos dias férteis, deixando-o na gaveta nos outros dias.

Essa gravidez súbita me deixou muito abatida. Chorei muito, por causa de Gabriel, ainda tão novinho. Não sentia disponibilidade física e emocional para ter outra criança. No entanto, meu coração estava aberto para esse novo ser e Flávio e eu concluímos que nosso amor era forte e que essa nossa segunda gravidez também seria importante.

Várias mudanças internas e externas acompanharam esse período. Dúvidas, questionamentos existenciais, crises conjugais e familiares, mudança de cidade. Mesmo assim, a gravidez foi boa. Não tive nenhum problema, fiz ioga e caminhei na praia regularmente.

No nono mês, estávamos todos mais amadurecidos e esperávamos tranqüilos nosso bebê. O parto seria em casa, com o acompanhamento de uma obstetra e de uma pediatra-homeopata.

Foi então que se constatou que o bebê estava sentado e, com isso, a possibilidade de fazer o parto em casa ficou reduzida. Conversamos com os melhores obstetras da cidade. Cheguei a mostrar uma seqüência de fotos do livro *Birth reborn*[1] para um médico, tentando provar como um parto pélvico de cócoras é possível. Mesmo assim, a possibilidade de um parto domiciliar foi afastada.

Meu companheiro tinha fé de que a situação se reverteria. Na ioga, meu professor e eu começamos a fazer mentalização, visualizando a mudança de postura do bebê. Lembro-me de que ele fez uma aula aberta, com vários convidados, e nesse dia fizemos uma forte mentalização energética pedindo que o bebê virasse.

---

[2] ODENT, M. Op. cit.

Na consulta seguinte, para nossa alegria, o nenê estava na posição normal! Ficamos muito agradecidos e contentes. Agora tínhamos a certeza de que o parto seria em nossa casa, à beira-mar.

Na madrugada do dia 19 de junho de 1986 comecei a sentir as primeiras contrações. Levantei-me e fui caminhar no jardim. A lua estava crescente, linda. A cada contração ficava de cócoras, respirando, e nos intervalos pedia ajuda às estrelas e aos meus guias. Sentia-me conectada com eles naquela noite. Três horas depois, às 6:00 horas, acordei Flávio. As contrações estavam fortes, o parto progredindo bem e resolvi ficar no quarto.

A obstetra, a pediatra e uma amiga que ficou de fotografar foram chamadas. Quando a médica chegou, eu estava em plena contração. Sua reação não foi positiva, pareceu insegura com as condições em que o parto se desenvolveria e arrependida de ter vindo. Foi preciso que meu companheiro a acalmasse, dizendo-lhe que tudo correria bem. Mesmo assim, ela permaneceu relutante. Toda de branco e com salto alto, devia sentir-se fora de lugar naquele quarto simples de uma casa praiana. Com o decorrer do tempo, acabou trocando os saltos altos por uma sandália havaiana...

Devido à pressão, acabei cedendo à sua insistência para furar a bolsa e fazer episiotomia. Depois, vi que foram interferências totalmente desnecessárias. A episiotomia foi profunda e doeu muito na semana seguinte.

Apesar desse contratempo, o parto foi excelente e rápido. Às 7h50 nasceu Raoni, um lindo bebê cor-de-rosa, com cabelinho preto, mimoso e suave. Foi recebido pela pediatra que estava em sintonia conosco, compartilhando nossa opção e sentimentos.

O pós-parto foi tranquilo. Raoni era o tipo de recém-nascido calmo, parecendo estar desde cedo adaptado a este mundo. Comia e dormia. Flávio se ocupou de Gabriel, de apenas um ano e sete meses. Foi um período calmo e feliz.

Um mês depois, voltei à obstetra para a revisão pós-parto. Ela mal conversou comigo. Disse-me apenas "nunca mais", "foi horrível" e me deu um adeus do tipo "não apareça nunca mais!".

Marcos

Dois anos e três meses depois, estávamos morando em Brasília. Meu diafragma estava velho e eu sabia disso. Aguardava uma oportunidade para comprar outro ou pedir para alguém trazer do Rio ou São Paulo. A pomada espermicida também tinha acabado e eu não comprei outra por opção, pois questionava seu uso devido aos produtos químicos em sua composição.

Eu freqüentava um Curso Prático de Orientação e Saúde baseado nos princípios da medicina oriental. Aprendi que ervas medicinais podem ser utilizadas para menstruação atrasada, mas não usei nenhuma delas quando percebi que poderia estar grávida. No íntimo, eu desejava essa gravidez e sabia intuitivamente que iria ter outro filho.

Mesmo assim, a gravidez foi recebida como um choque. Foi difícil, mas aos poucos fui aceitando. No princípio relutantemente, depois com alegria. Passei a freqüentar festas, sair à noite, dançar e ver os amigos, coisas que não fazia há tempos. Fiquei bonita, disposta, engordei muito, vinte quilos ao todo, embora não demonstrasse. Estava bem e permaneci assim até o final da gravidez.

Nessa época resolvemos fazer uma experiência comunitária e fomos morar em uma linda chácara no Lago Norte, com árvores frutíferas, horta e galinheiro. Éramos três famílias. Seis adultos e dez crianças dividindo uma casa com uma cozinha comum.

Optamos, mais uma vez, pelo parto domiciliar. Na ocasião, trabalhava com grávidas fazendo preparação para o parto e acompanhei o parto de quatro amigas que também tiveram filhos em casa. Foram experiências muito enriquecedoras.

Essa foi a minha gravidez mais longa, chegando à quadragésima semana. Meus outros três filhos nasceram com 38 semanas. Comecei a sentir as primeiras contrações leves e espaçadas à meia-noite do dia 30 de maio. Passei a noite em claro, andando pelo pomar e observando a lua crescente.

Eu tinha expectativa de que este seria o parto mais fácil. Por isso, não me preparei bem, deixando de fazer os exercícios com regularidade. Estava sem prática na respiração e engordara muito. Foi um parto demorado.

Às 7 horas estava com apenas um centímetro de dilatação. Passei o dia com contrações leves e irregulares, sem conseguir comer ou relaxar. A casa estava cheia de crianças e amigos. Todos aguardavam a chegada do novo bebê.

Às 16h30, apoiando-me nos galhos das mangueiras do pomar, senti que a hora estava chegando. As contrações foram ficando fortes e fiquei, até escurecer, debaixo das árvores, de cócoras e respirando.

Entrei para o quarto. A presença dos amigos e a sensação de estar sendo observada me inibiu. O parto foi filmado. Sentia Flávio mais distante e menos participativo do que nos partos anteriores. As contrações estavam fortes e eu freqüentemente perdia o ritmo da respiração por falta de treino. A sensação que eu tinha era a de ter me esquecido tudo sobre dar à luz.

Resolvi mergulhar na banheira com água quente, o que me ajudou a relaxar. Fiquei sozinha e mais concentrada. Houve momentos em que não acreditava estar passando por tudo de novo. Parecia que não ia acabar nunca.

Tive momentos de aflição e concentração, confiança e medo, tentando respirar até que a dilatação se completou. Saí da banheira aliviada e disposta a fazer força. A médica não havia chegado e às vezes me batia uma sensação de insegurança. Um amigo, tentando me ajudar, insistia para que eu respirasse tipo "cachorrinho". Após alguns minutos percebi que não era para ser assim, mas já tinha perdido bastante energia. Nesse momento Flávio interviu e me ajudou na fase de expulsão. Segurando o ar e com determinação, fiz força várias vezes seguidas. Quando o bebê coroou, recuperei minha energia e confiança de mulher parideira. Às 20 horas, entrei em sintonia com o bebê e comigo mesma, permitindo que ele nascesse.

Fez-se silêncio. Ninguém comentou comigo o sexo do bebê até que perguntei o que era. Quando me responderam "outro homem", tive um acesso de riso. Eu estava feliz e me sentia grata e aliviada. Ele era lindo, moreno e gordinho.

Mais tarde, a obstetra chegou. Ela havia se perdido no caminho, atrasando-se para o parto. Levei pontos no períneo porque não consegui relaxar no período de expulsão. Mesmo assim a recuperação foi rápida e menos dolorosa do que a da episiotomia do parto anterior.

Aprendi muito com esse parto. Principalmente, como a preparação com exercícios físicos e respiratórios feitos de forma regular é importante. Como uma alimentação equilibrada e o ganho de peso adequado influem no nascimento. E como um parto é diferente do outro.

A partir do nascimento do Marcos, meu trabalho de preparação para o parto cresceu, pois passei a acreditar nele mais intensamente e a perceber o quanto era fundamental para uma gravidez e um parto mais bem-sucedidos.

Agradeço à Existência por mais este presente em minha vida.

Júlia

A gravidez de Júlia foi outra surpresa. Eu não esperava mais ficar grávida, pelo menos, racionalmente, estava satisfeita com meus quatro filhos homens.

Naquele mês eu estava envolvida com a ida do Beto para os Estados Unidos. Ele estava com 17 anos e se preparava para passar um ano fora em um convênio entre estudantes brasileiros e americanos. Separar-me dele mexia comigo. Meu filho era um homem que já não precisava tanto de mim e estava decidido a ganhar o mundo.

Assim que ele partiu, minha menstruação não veio. Achei que fosse um descontrole hormonal devido às emoções que havia passado, mas quando fiz o exame, comprovou-se outra gravidez. Acho que foi uma tentativa inconsciente de substituir o filho que se foi.

Demorei para aceitar que, aos 41 anos, estivesse grávida novamente. Fiquei deprimida e, pela primeira vez, tive enjôos. Dormia muito e ao acordar me vinham pensamentos horríveis de não ter o bebê, de não suportar passar por tudo outra vez. Flávio me deu muito apoio e força, com a convicção de que esse outro filho nos traria muitas coisas boas.

Para melhorar meu estado de espírito, fomos relaxar na cidade de Alto Paraíso de Goiás. Enquanto tomava banho no rio da Flor de Ouro, meu corpo agradecia e sentia uma energia deliciosa. Com um apetite admirável, até hoje não esqueci o sabor da lentilha com arroz integral que almocei naquele dia, depois do banho. Sentia-me plena e feliz, em paz comigo mesma e com meus instintos.

Duas horas depois, minha mente voltava a me atormentar com idéias de que não queria estar grávida. De volta a Brasília, cheguei a preparar um chá que me foi ensinado por um raizeiro da região, mas ao tomar alguns goles, vomitei.

Nessa mesma noite tive um sonho surpreendente. Sonhei que fui fazer um aborto. Quando o médico tirou o nenê do meu útero, vi uma linda menina de olhos claros. Ao olhar para ela, senti remorso e pedi ao médico para colocá-la de volta. Colocando-a em uma redoma de vidro, ele respondeu: "Agora não, vamos primeiro dar uma volta". Fui levada ao subsolo do hospital em que nos encontrávamos. Eram corredores enormes, sombrios, repletos de crianças famintas e desnutridas, de olhos tristes, carentes de amor. No chão corria um feijão cozido com muito caldo, que todos ignoravam. As crianças me olhavam, pedintes, e eu não me sentia capaz de fazer nada.

Com este sonho percebi aonde minha mente estava me levando e passei a aceitar a gravidez. Imediatamente, comecei a me preparar para o parto. Todas as manhãs, antes das 8 horas eu ia caminhar, respirar e nadar na água mineral. À tardinha ia dar aula para grávidas. Tinha muitas alunas. Elas me deram apoio e energia. No meu aniversário, que foi duas semanas depois do sonho, uma delas me mandou um lindo buquê de rosas. Sou muito grata a essas lindas mulheres.

Simultaneamente, começaram a ocorrer mudanças em nossas vidas, que há muito esperávamos. Saímos do apartamento, alugamos uma casa e começamos a construir a nossa, em uma chácara, com amigos.

Foi o meu melhor parto. Finalmente, eu estava bem preparada. Engordei nove quilos e levava uma vida bem saudável. No oitavo mês de gestação tirei licença no trabalho. Estava bem conectada comigo mesma e com o bebê.

No último mês fiz um trabalho corporal excelente com uma professora de ioga. Ela usava florais de Bach e fazia relaxamentos com cristais. As sessões eram de duas horas e me faziam um bem indescritível. Eu relaxava profundamente e, quando voltava, me sentia disposta e confiante.

Quinze dias antes da provável data do parto, fiz uma ecografia. Soube, então, que era uma menina e que ela estava bem posicionada. De volta para casa, no estacionamento, chorei uns quinze minutos, tal a emoção que senti.

O parto foi acontecendo devagar. O tampão começou a sair uma semana antes e passei três noites com contrações leves que não me impediam de dormir. De manhã elas sumiam. No terceiro dia senti que o bebê iria nascer.

Fui caminhar no jardim, o que me pôs em contato com a terra, com a energia feminina. De pés no chão me acocorei e pedi ajuda aos meus guias. Às 13 horas desencadeou-se o trabalho de parto. Veio forte, com contrações longas e seguidas. Era domingo de Páscoa e, talvez, por isso, não conseguimos contatar nossa médica. Completamente entregue aos cuidados de Flávio, o parto prosseguiu.

Houve um momento em que senti medo. Outros, em que me deixei morrer. Eu me apoiava no lençol pendurado na escada de madeira do mezanino, o que me ajudou muito, dando-me uma independência que não tive nos outros partos. A tarde estava quente e eu suava muito.

Eu e Flávio conversávamos nos intervalos das contrações, sentindo a presença dos seres invisíveis que estavam ali nos ajudando. Um casal amigo nos dava apoio. Senti que estar ali somente com o Flávio me dava confiança e bem-estar. Nada me inibia. Compreendi a que se refere Michel Odent[2] quando compara o parto ao ato de fazer amor. Era como eu me sentia, entregue ao amor com meu companheiro e com nossa filha.

Quando estourou a bolsa, senti vontade de gritar. Às 16 horas, com três contrações de expulsão, Júlia nasceu. Foi muito tranquilo, não houve rompimento do períneo e não precisei levar nenhum ponto.

Olhei para os seus olhos e me surpreendi. Assim que nasceu ela abriu os olhos... eram clarinhos, azuis ou verdes? Até hoje eles mudam de cor. A minha única filha é linda, e é a mesma que apareceu no sonho. Fiquei totalmente em êxtase.

---

[2] ODENT, M. Op. cit.

Amamentando

Gostaria de falar de minha experiência de aleitamento que toca direto no coração daquelas que estão vivendo essa fase agora. E é uma fase longa, que deve durar pelo menos seis meses.

Até hoje, lamento pelo fato de não ter conseguido amamentar meu primeiro filho por mais de dois meses. Sinto que ambos perdemos uma vivência de profundo significado. Mas, na época, foi o que consegui fazer. Estava insegura, cansada, sem ajuda doméstica, vivendo no exterior, longe da família e dos amigos.

Apesar de ter estudado as vantagens do aleitamento materno, quando fiz o curso de nutrição[1], a rotina diária e noturna das mamadas, o apelo dos *shoppings* europeus cheios de mamadeiras, esterilizadores e fórmulas de vários tipos e, mais importante, o fato de acreditar que meu leite não estava sendo forte e suficiente para meu bebê crescer, bastaram para que eu tomasse a decisão de parar de amamentar.

Meus seios estavam fartos e lindos, e meu marido disse isso certa vez, que eu estava querendo parar com o que de melhor poderia existir entre nosso filho e eu. A parteira que continuava me visitando no pós-parto fez o que pôde para me convencer. Usou argumentos científicos, pesando Beto antes e depois das mamadas para me provar que ele estava ingerindo leite e ganhando peso.

Nada adiantou. Beto foi desmamado com dois meses de vida e meus seios secaram e ficaram murchos de repente. Não tenho nenhuma foto amamentando o Beto, embora tenhamos tirado dezenas de fotos dele. Hoje percebo que isso pode refletir um bloqueio interno inconsciente com relação ao aleitamento.

Apesar de meu bebê ter mamado imediatamente após o parto, de ter tido alojamento conjunto e muitas facilidades para um aleitamento prazeroso e prolongado, não tive disponibilidade interna para me doar,

---

[1] RODRIGUES, L. P. F. Op. cit.

para me entregar àquele momento. Sentia-me só, incapaz e ansiosa. Fazer e lavar muitas mamadeiras por dia disfarçava esse sentimento, deixando-me aparentemente tranqüila.

Beto não teve nenhum problema de adaptação ao leite artificial e cresceu muito bem. Mas perdeu cedo aquele contato pele a pele, ouvindo o meu coração. Sempre fui carinhosa com ele, mas sinto que ficou uma lacuna que deve ter tido conseqüências em seu desenvolvimento físico, mental, emocional e espiritual. Hoje ele é um homem feito e eu já consegui me perdoar por isso.

Oito anos depois, bem mais madura e consciente, tive uma experiência bem diferente com meu segundo filho. Ele também foi ao peito assim que nasceu, e ao sugar pela primeira vez aparentou uma intimidade admirável. Parecia conhecer meu peito e já ter mamado muitas vezes!

Gabriel foi o tipo de bebê comilão, que mamava de duas em duas horas e ainda pede mais após dar uma golfada por excesso de leite. Entre onze horas da noite e três da manhã ele dormia direto, fazendo um intervalo; depois, começava tudo outra vez.

Quando fez quatro meses, iniciei a alimentação mista com sucos e papa de frutas. Aos sete meses, meu leite já não era suficiente para tamanho apetite, e ele mesmo preferiu trocá-lo pela mamadeira. E para ser sincera, nem eu, nem meu peito estavam dando conta! Ele aceitou bem o leite em pó e o desmame foi absolutamente tranqüilo.

Com Raoni, meu terceiro filho, tive uma experiência diferente. Ele era daqueles bebezinhos tranqüilos que começam a mamar e dormem. Muito suave, branquinho, dormia e comia e raramente golfava o excesso de leite. Embora sabendo que dar suco em mamadeira é um risco, fiz isso com ele aos seis meses. Foi o suficiente para ele largar meu peito. Não queria mais fazer força, aprendeu que havia um jeito mais fácil para se alimentar.

Não consegui reverter essa situação por falta de paciência. Poderia ter dado o suco em colherinha ou copinho e insistido com o peito, mas não o fiz e passei a dar mamadeira com leite de vaca, por sugestão da médica que o acompanhava. Seu organismo não assimilou essa mudança e o resultado foi uma forte alergia que durou semanas, até encontrarmos uma fórmula que desse certo para ele. Raoni poderia ter mamado muito mais. Certamente, meu leite teria sido suficiente para seu apetite e talvez nunca precisasse ter usado mamadeira com ele. Mais uma vez aprendi alguma coisa.

Já com o Marcos, minhas experiências anteriores ajudaram muito. Estava disponível, entregue, bem cuidada e com uma alimentação gostosa e saudável. Meu bebê era tranqüilo, mamava bem e passou seis meses com aleitamento exclusivo, quando iniciei sucos e papinhas com copinho e colher. Aos oito meses o desmame foi feito devagar.

Pelo fato de trabalhar fora e de não ter grande quantidade de leite, nunca consegui chegar ao primeiro ano de vida do bebê amamentando. Admiro as mulheres que têm essa capacidade. Algumas dão de mamar por dois anos, o que, segundo alguns especialistas, é o ideal.

Com minha quinta filha, sinto que vivi o máximo do prazer do aleitamento. O único problema foi imediatamente após o parto, pois ela teve muita fome. Sugava meu peito com força e o colostro não a satisfazia. Então, resolvemos dar água com mel em colherinha, o que bastou para que ela se acalmasse e dormisse. A partir daí, não tive mais problemas e foi muito agradável sentir uma mulherzinha sugando meu seio, uma energia feminina, tão diferente das outras experiências que vivi. Eu sabia, também, que esta seria minha última experiência de aleitamento nesta vida. Curti imensamente os oito meses que dei de mamar a ela.

Concluindo...

Sou mulher, sou mãe, sou deusa
E assim mereço ser cuidada.
Se parir faz parte da natureza
Que esta força seja respeitada.

Respeitada pelos homens e por mim mesma,
pois fazemos a humanidade crescer.
Que as cesáreas, induções, tecnologia
sejam usadas com magia e saber.

Saber que os médicos dominam
e nós, mulheres, também.
Conhecendo nosso corpo e instinto,
Sabemos mais do que ninguém.

Portanto, minha gente, é hora
de parir como e com quem quiser.
Se durante a noite ou na aurora,
a ordem é esperar quando vier.

Chega de intervir na natureza!
As mulheres precisam compreender,
receber o bebê no coração,
experimentar o "dar à luz e renascer".

Espero que este livro tenha contribuído para despertar nas mulheres, "casais grávidos" e profissionais de saúde a vontade de vivenciar e tratar os momentos da gravidez, parto, puerpério e aleitamento como uma parte da vida afetiva e sexual das pessoas.

O parto, de modo especial, continua sendo visto como um momento de dor, culpa, sofrimento e castigo por aqueles poucos minutos de amor vividos no relacionamento sexual. E a experiência do pré-natal e do parto, na maioria das maternidades públicas, é tão ruim, que reforça esses conceitos, preconceitos e sentimentos negativos.

Intimamente ligado à sexualidade, e sabendo-se como esta tem sido negligenciada, o parto nos relembra a todos, profissionais de saúde, homens e mulheres, que fomos gerados, paridos e criados desse modo.

Projetamos essas vivências e sentimentos conforme os recebemos, o que pode explicar parte da grosseria, irritação, mau humor, impaciência que se vê em muitos médicos, enfermeiros e atendentes nos hospitais. Sei que também podem ser positivos, gerando experiências lindas, como a dos Hospitais Amigos da Mulher e da Criança, as Casas de Parto, os partos domiciliares e os partos humanizados, por exemplo, no que se refere ao atendimento público.

Não basta olhar os fatores culturais, sociais, econômicos e fisiológicos que interferem na gravidez, parto, aleitamento e desmame precoce. É preciso reconhecer que a vida sexual do casal tem influência decisiva na qualidade dessa vivência.

A orientação sexual recebida durante a infância e a adolescência, a iniciação da vida sexual ativa, a experiência da primeira menstruação, o sentimento que se guarda da primeira relação sexual e das primeiras noções de gravidez; enfim, se a mulher se sente à vontade por estar grávida ou se intimamente sente um misto de culpa e vergonha, tudo isso afeta consciente e/ou inconscientemente a gestação, o parto e o aleitamento.

Muitas mulheres não têm dilatação durante o trabalho de parto porque, além do medo que naturalmente provoca tensão e dor, receberam uma educação sexual repressiva e violenta na infância e na adolescência. Isso não permite que elas relaxem o períneo, a vagina e a parte inferior do útero, onde ocorre a dilatação, e que faz parte da musculatura voluntária. Ou seja, está na vontade da mulher relaxar e dilatar. Mecanismos inconscientes, devido às vivências do passado, podem impedir que isso ocorra como, por exemplo, os traumas sexuais, vergonha, não se sentir feliz na condição de mulher, nem à vontade com o próprio corpo, entre outros.

Homens e mulheres que viveram plenamente sua sexualidade desde que nasceram, durante a infância e a adolescência, que foram amamentados com amor, que receberam contato físico satisfatório de seus pais através de carinho e cuidados, que conhecem bem o seu próprio corpo, seus mecanismos fisiológicos e anatômicos, que não foram reprimidos ao se masturbar, que viveram sua primeira experiência sexual com ternura e prazer, certamente, serão pessoas capazes de viver a gestação, o parto e o aleitamento como momentos da vida sexual, capazes de proporcionar prazer e alegria.

Sob esse prisma, a imposição de rotinas de interferências obstétricas desnecessárias, que inibem o desencadeamento natural dos mecanismos fisiológicos do parto, deixa de ter sentido. Em condições favoráveis as mulheres passam a querer dar à luz naturalmente.

Por isso, foi criada em 1993, a REHUNA, Rede de Humanização do Nascimento, uma associação sem fins lucrativos que visa trabalhar para o esclarecimento dessas questões. A Rehuna pretende se dirigir a homens, mulheres, setores da sociedade civil organizada, profissionais de saúde e educação e planejadores e elaboradores das políticas de saúde com os seguintes objetivos:

- mostrar os riscos à saúde das mães e bebês diante de práticas obstétricas inadequadas;

- resgatar o nascimento como um momento existencial e sociocultural de amplas e profundas repercussões pessoais;

- valorizar o nascimento humanizado;

- incentivar as mulheres a decidir como, com quem, quando e onde dar à luz;

- aliar os conhecimentos técnicos e científicos às práticas tradicionais de assistência ao parto.

Considero imprescindível, também, que os cursos de preparação para o parto se multipliquem e sejam acessíveis a todas as mulheres do país; que as Faculdades de Saúde formem profissionais sensíveis e humanizados; que as enfermeiras de nível superior se tornem parteiras, e que as parteiras da zona rural sejam valorizadas, respeitadas e assistidas.

É tempo de mudanças, de transformações, de entrar em contato com o Pai e a Mãe Universal, com a Fonte e o Eu Superior.

Que em cada parto que ocorre nas maternidades e domicílios haja confiança na força Divina e muito amor, para que "dar à luz e renascer" seja uma realidade ao alcance de todas as mulheres do Planeta Terra.

Anexo I

Parto não é doença

15 Recomendações da Organização Mundial de Saúde

Referendadas na Conferência Internacional para o Parto, realizada em Fortaleza — Brasil, de 22 a 26 de abril de 1985.

As seguintes recomendações baseiam-se no princípio de que cada mulher tem o direito de receber atendimento pré-natal apropriado, bem como desenvolver um papel central em todos os aspectos desse atendimento, incluindo a participação no planejamento, no encaminhamento e na avaliação da assistência; os fatores sociais, emotivos e psicológicos são extremamente importantes para um bom atendimento. O nascimento é um processo natural e normal.

1. As instituições que atendem partos devem observar os Direitos Humanos e Leis que protegem a liberdade das cidadãs. E para o bem-estar psicológico da mãe, deve ser assegurada a presença de uma pessoa de sua escolha (familiar ou não) durante todo o processo de atendimento, e que ela possa receber visitas no período pós-natal.

2. Para todas as mulheres que procriam numa estrutura hospitalar, toda a comunidade deve estar informada sobre os distintos procedi-

mentos relacionados com a alteração durante a gravidez e o parto, permitindo assim a cada mulher eleger o tipo de cuidado que prefere durante o parto, garantindo o respeito a seus valores e cultura.

3. A indução do trabalho de parto só deverá ser executada sob restrita indicação médica, nunca por conveniência, e em nenhuma região geográfica poderá haver uma taxa percentual maior que 1% de partos induzidos.

4. Não há nenhuma razão, em nenhuma região geográfica, que justifique um percentual de cesariana maior que 10 ou 15%.

5. Não é comprovado cientificamente que após a primeira cesariana seja necessária outra cesariana. Partos normais após uma cesariana devem ser estimulados.

6. Não há fundamento científico para efetuar a tricotomia (raspagem de pêlos) e lavagem intestinal antes do parto.

7. A ruptura artificial da bolsa de água, feita de rotina, não tem nenhuma justificativa científica. Se necessário, é recomendável fazê-la apenas em trabalhos de parto avançados.

8. Durante o trabalho de parto deve ser evitada a administração de drogas anestésicas e analgésicas, usá-las apenas em casos específicos.

9. A Cardiotografia deverá ser executada apenas em situações médicas selecionadas e no trabalho de parto induzido.

10. Não é recomendável colocar a mulher na posição deitada durante o trabalho de parto. A mulher tem que ser encorajada a andar e acocorar-se durante o trabalho de parto e estimulada a escolher livremente a melhor posição para seu parto, assim como o local (casa ou hospital).

11. Não se justifica, nem técnica nem cientificamente, o uso sistemático de episiotomia.

12. O recém-nascido sadio deve ficar em alojamento conjunto, sempre com a mãe. Nenhum processo de observação do recém-nascido sadio justifica a separação da mãe.

13. O começo do aleitamento materno deve ser iniciado imediatamente, de preferência dentro da sala de parto.

14. O aleitamento materno constitui a alimentação normal e ideal do recém-nascido e oferece a seu desenvolvimento bases biológicas e efeitos inigualáveis. É recomendável oferecer o leite materno sempre que a criança desejar, não se prendendo a horários fixos. É importante que seja oferecido sem acompanhamento de mamadeira. A criança não necessita de outro complemento alimentar até quatro a seis meses de idade.

15. As associações médicas vinculadas aos cuidados pré-natais deverão considerar, junto com os organismos estatais correspondentes, a facilitação do parto natural em casa, promovendo políticas de habilitação e proteção científica e técnica.

Essas recomendações foram retiradas do documento "Tecnologia Apropriada para o Nascimento" da OMS (Organização Mundial de Saúde).

Anexo II

Orientação à mulher antes do parto*

Durante esse período, permaneça receptiva, meditativa e curta a situação. Quando começar a sentir que a criança está chegando, relaxe totalmente e ajude-a. Não lute contra.

Temos sido condicionados a pensar que o parto é muito doloroso para a mãe. Essa idéia tem sido repetida a tanto tempo, que se tornou enraizada em nós. É uma auto-hipnose. Na realidade, não existe nenhuma dor. Por você acreditar nela é que acontece.

Na verdade, há possibilidade de um grande êxtase quando a criança nasce. Se você puder conhecer esse êxtase verá que nenhuma relação sexual se compara a ele: é simplesmente maravilhoso.

Assim, quando começar a sentir as contrações, espere simplesmente e aproveite. Comece a mover-se com a criança, auxilie-a e espere com grande expectativa o êxtase que virá. Você o sentirá por todo o corpo.

Não fique acanhada. Se quiser cantar, cante. Se quiser falar coisas sem nexo, fale-as. Se quiser balançar-se, mover-se, balance-se, mova-se.

---

* Texto de Bhagwan Shree Rajneesh, agora conhecido simplesmente como Osho, um mestre iluminado contemporâneo.

Não se preocupe com o que os outros poderão dizer. Deixe acontecer seja lá o que for, espontaneamente, e conhecerá uma nova experiência.

O parto deve acontecer assim porque se a vida da criança começar através da sua dor, um conflito terá início. Se o começo não for bom, você nunca terá um relacionamento de amizade real com a criança. Ela parecerá um inimigo, pois provocou dores. O relacionamento já estará envenenado. Se a criança lhe der um grande êxtase você ficará agradecida a ela. É a possibilidade de uma amizade. Um grande amor acontecerá. Portanto, isto é uma necessidade, não apenas para o seu ser, mas, também, para a existência da criança no futuro. Se o êxtase acontecer, então a criança será perfeitamente saudável e não terá muitos tipos de doenças mentais que aparecem naturalmente em todos os seres humanos por causa do nascimento doloroso. O nascimento na dor é um mau começo. Assim, durante os sete dias anteriores ao parto, simplesmente relaxe. Prepare-se. Fique alegre, meditativa. Sinta Deus. Quando a criança estiver chegando, esteja pronta para o grande orgasmo e, quando ele vier, não resista. Se resistir, ele será destruído. Não poderá vir contra sua vontade. Só com sua colaboração.

Os primitivos sabem quanta beleza existe em dar à luz a uma criança. É o ponto mais alto a que uma mulher pode chegar porque vem da mesma fonte de energia de onde se obtém orgasmo sexual. No momento do parto, a criança fica empurrando a mesma fonte de energia; fica tentando sair pelo mesmo canal.

Mas, por que essa idéia de dor surgiu? É porque, algumas vezes, um prazer muito intenso assemelha-se à dor; é insuportável, por isso, parece-se com ela. Foi assim que a idéia de que o parto é doloroso surgiu na mente humana. Na realidade, ele dá prazer. Um prazer tão intenso, tão maior do que tudo o que você conheceu antes, que você o interpreta erroneamente.

A felicidade é tão grande! Por causa disso é que a idéia da dor surgiu. E, uma vez que surgiu, pouco a pouco penetrou no inconsciente mais profundo. Nessa semana precedente ao parto, lembre-se todas as noites que esse será um grande dia, uma grande experiência. O parto será o pico muito alto em sua vida. Permita que esse dia seja de êxtase, de meditação, de uma alegria imensa e, se puder chegar ao orgasmo, ele será uma bênção para a criança, porque ela estará vindo com uma alegria intensa e você se sentirá, para sempre, agradecida a seu filho. Sempre se lembrará desse dia; será impossível esquecê-lo.

Seu relacionamento com seu filho terá uma nova qualidade.

Sugestões de leitura

Para se alimentar melhor

Prato feito, Sem açúcar com afeto e outros livros de Sonia Hirsch (edição da autora).

Dieta sem fome, cujo título em inglês *Fit for life,* corrresponde melhor ao que se refere este livro dos autores Harvey e Marilyn Diamond, Record, 1988.

Para se informar melhor

Spiritual midwifery de Ina May Gaskin. Um livro lindo, que inspira as mulheres a terem partos naturais. The Book Publishing Company, 1980, USA.

Nós estamos grávidos, de Maria Tereza Maldonado, Block Educação, 1987.

Parto de cócoras: aprenda a nascer com os índios, de Moyses Pacionirk, Brasiliense, 1983.

Os livros de Michel Odent traduzidos no Brasil

Gênese do homem ecológico. Mudar a vida, mudar o nascimento, o instinto reencontrado. Tao, 1982.

Água e sexualidade. Siciliano, 1991.

Um livro que é um poema fotografado

Nascido no mar, de Cris Griscom, Siciliano, 1989.

Para quem trabalha com grávidas

Mulher, parto e psicodrama, de Vitória Pamplona, Ágora, 1990.

Leia também

Compreendendo crianças pela astrologia, de Samantha A. Davis. Uma nova forma de criar seus filhos, conhecendo seus signos, algumas localizações de planetas como Sol, Mercúrio e Lua. Um livro que demonstra que você poderá comunicar-se, entender melhor e aprender a lidar com as crianças a partir de suas características astrológicas. Para especialistas e, sobretudo, para pais preocupados em entender melhor a personalidade e os problemas de seus filhos. Editora Ágora.

A arte de amamentar, de Karen Pryor. Hoje em dia, mulheres e médicos redescobrem o valor da amamentação, fonte de saúde e contentamento para a mãe e para a criança. Todo o processo de amamentação, com aspectos anatômicos, fisiológicos, nutricionais, higiênicos e psicológicos, está minuciosamente descrito na obra. Ilustrado. Summus Editorial.

O bebê e a coordenação motora: os gestos apropriados para lidar com a criança, de Marie-Madeleine Béziers e Y. Hunsinger. Cuidados com a saúde, o bem-estar ou a alimentação dos bebês são necessários, mas há uma característica essencial, o movimento, sobre o qual os pais devem estar informados. Eles precisam saber que os gestos feitos pelos bebês não são fortuitos nem desordenados, e pertencem a um sistema muito complexo. A proposta central deste livro é estudar a base do que se denomina a "coordenação motora" que se delineia no início da vida dos seres humanos e vai marcar todo seu desenvolvimento ulterior. Summus Editorial.

A imaginação na cura: xamanismo e medicina moderna, de Jeanne Achterberg. Este livro combina as práticas dos antigos curadores com as últimas descobertas da medicina moderna. A autora foi uma das pioneiras na sistematização das técnicas de visualização. Ela orienta sobre o uso de imagens mentais em diversas situações que envolvem problemas corporais, entre elas para o parto. Summus Editorial.

Lívia Penna Firme Rodrigues nasceu em São Paulo, em 1950, num parto "muito duro", segundo sua mãe.

"Acredito", comenta Lívia: "Eu pesava 3,750 kg, e ela teve que me expulsar deitada, e sem gritar, pois era uma maternidade pública."

Em sua vida pessoal, Lívia teve muitas idas e vindas, que resultaram em experiências variadas como, por exemplo, dar à luz pela primeira vez na Inglaterra e conhecer de perto o excelente sistema de atendimento público inglês, e estudar em várias universidades brasileiras, em diferentes estados, tendo acesso ao atendimento médico à população feminina pelo Brasil afora.

Em sua segunda safra de filhos, ela e o marido optaram por fugir da rotina hospitalar. Essas vivências enriqueceram seu vasto currículo acadêmico e sua rica trajetória profissional como orientadora de grávidas, profissão que ela gostaria de ver reconhecida oficialmente.

Lívia participa ativamente de quatro entidades ligadas à política de saúde da mulher, nas quais conta com o apoio da Unicef.

www.gruposummus.com.br

IMPRESSO NA
sumago gráfica editorial ltda
rua itauna, 789   vila maria
02111-031   são paulo   sp
tel e fax 11 **2955 5636**
sumago@sumago.com.br